T0208827

Kundengewinnung und Kundenbindung bei Presseabonnements

Thomas Breyer-Mayländer · Matthias Keil
(Hrsg.)

Kundengewinnung und Kundenbindung bei Presseabonnements

Aktuelle Methoden und praktische Erfahrungen

Unter Mitwirkung von Markus Hofmann,
Peter Lorscheid, Thomas Mäling,
Thorsten Merkle, Nils von der Kall,
Alexander von Reibnitz, Lennart Schneider,
Alexandra Wildner

Hrsg.
Thomas Breyer-Mayländer   Matthias Keil
Ettenheim, Deutschland   Bayreuth, Deutschland

ISBN 978-3-658-26049-1   ISBN 978-3-658-26050-7   (eBook)
https://doi.org/10.1007/978-3-658-26050-7

Die Deutsche Nationalbibliothek verzeichnet diese Publikation in der Deutschen Nationalbibliografie;
detaillierte bibliografische Daten sind im Internet über http://dnb.d-nb.de abrufbar.

Springer Gabler
© Springer Fachmedien Wiesbaden GmbH, ein Teil von Springer Nature 2019

Springer Gabler ist ein Imprint der eingetragenen Gesellschaft Springer Fachmedien Wiesbaden GmbH
und ist ein Teil von Springer Nature
Die Anschrift der Gesellschaft ist: Abraham-Lincoln-Str. 46, 65189 Wiesbaden, Germany

Vorwort

Dieses Buch entstand vor dem Hintergrund praktischer Erfahrungen und Projekte der Autorinnen und Autoren, die alle eng mit der deutschen Pressebranche verbunden sind. Dabei werden die Betrachtungen aus Sicht der einzelnen Unternehmen, Produkte und Prozesse durch grundsätzliche Aussagen zum Abonnementmarketing und zu digitalen Kommunikationsformen ergänzt. Ziel ist es, mit den unterschiedlichen Blickwinkeln und Erfahrungen der Autorenschaft ein Schlaglicht auf die aktuelle Situation der Pressebranche, des Marketings für Abonnements, Bundlings und Subscribermodelle zu werfen und in Verbindung mit den absehbaren weiteren Entwicklungen im Bereich der Technologien und Märkte zum Nachdenken über eigene Maßnahmen anzuregen. Die Autoren sind: Peter Lorscheid vom Siegfried Vögele Institut (SVI) und Alexander von Reibnitz, heute Geschäftsführer einer Tochtergesellschaft des „Wort & Bild Verlags" und zuvor Geschäftsführer Print und Digitale Medien des Verbands Deutscher Zeitschriftenverleger (VDZ), Thorsten Merkle, Geschäftsführer der jule : Initiative junge Leser GmbH, Markus Hofmann, Stv. Chefredakteur der Badischen Zeitung, Alexandra Wildner, Verlagsleiterin Mittelbayerische Zeitung, Nils von der Kall, Verlagsleiter Marketing und Vertrieb des

ZEIT-Verlags, Lennart Schneider, Projektleiter Marketing & Digitales „Freunde der Zeit" und Thomas Mäling, Bereichsleiter *dialogplus* bei der Burda Direct GmbH sowie die beiden Herausgeber Matthias Keil, Leiter Branchenlösungen bei der AVS GmbH, dem Spezialisten für Kundenbindung und Thomas Breyer-Mayländer, Professor für Medienmanagement an der Hochschule Offenburg und zuvor Geschäftsführer der Zeitungs Marketing Gesellschaft – ZMG in Frankfurt am Main.

Das Buch war ursprünglich als sehr kompakte Form im Rahmen der Buchreihe *essentials* geplant. Die Vielfalt der Autorenbeiträge sprengte jedoch diesen sehr klar definierten Rahmen und machte eine Neukonzeption erforderlich. Denn schließlich sollte es zwar ein sehr kompaktes Werk werden, dennoch ist es ein fundiertes aber aus praktischer Perspektive vielfältiges Buch, das auch unterschiedliche Blickwinkel und Erfahrungen berücksichtigen und verkörpern soll.

Thomas Breyer-Mayländer
Matthias Keil

Was Sie in diesem Buch finden können

1. Eine Darstellung über die Bedeutung des Abonnements als Vertriebskanal
2. Das Prinzip der kundenorientierten Entwicklung von Produkten und Produkt-Bundles
3. Good-Practice-Beispiele für die Neukundengewinnung und Kundenbindung
4. Lösungen für das Kundendatenmanagement und digitale Marketingmaßnahmen
5. Das Erfolgsprinzip der Orientierung an der Kundenbeziehung und den dazu passenden KPIs
6. Eine Analyse des Hintergrunds vor dem sich gegenwärtig die Abonnementmärkte verändern

Inhaltsverzeichnis

1

Bedeutung des Abonnements im Verlagsgeschäft als Säule des Paid-Content

Thomas Breyer-Mayländer

Zusammenfassung Angesichts des verschärften intermedialen Wettbewerbs stellt sich die Frage, wie Medienunternehmen und Verlage künftig mit ihren Print- und Digitalangeboten den Bedürfnissen ihrer Kunden gerecht werden können. Es geht dabei um die Möglichkeiten, mit Abonnementangeboten und Bundles News und journalistische Inhalte aufzubereiten und so anzubieten, dass sie einen maximalen Nutzen stiften und marktfähig sind.

1.1 Der gestiegene intermediale Wettbewerb und die Bedeutung des Abonnements

Wenn man sich intensiver mit der Frage der Kundengewinnung und Kundenbindung bei Presseabonnements befasst, muss man die Möglichkeiten der Marktstrategie und der Marktbearbeitung auch

T. Breyer-Mayländer (✉)
Hochschule Offenburg, Offenburg, Deutschland
E-Mail: breyer-maylaender@hs-offenburg.de

© Springer Fachmedien Wiesbaden GmbH, ein Teil von Springer Nature 2019
T. Breyer-Mayländer und M. Keil (Hrsg.), *Kundengewinnung und Kundenbindung bei Presseabonnements*, https://doi.org/10.1007/978-3-658-26050-7_1

vor dem Hintergrund des gestiegenen intermedialen Wettbewerbs im Gesamtkontext der Refinanzierung redaktioneller Produkte untersuchen. Der gestiegene intermediale Wettbewerb hat zu deutlichen Veränderungen im Nutzerverhalten geführt. Wie auch schon bei früheren Erweiterungen der zur Verfügung stehenden Medienauswahl, beispielsweise durch private Fernsehsender, Anzeigenblätter oder lokalen Hörfunk wird die Mediennutzung pro Tag zwar erweitert, die Nutzungszeit für bestehende Medien jedoch verringert. Durch die Vielfalt digitaler Medien hat sich die Nutzung von Printprodukten der Presseverlage verringert und das Angebot digitaler Werbemöglichkeiten hat in der Summe das jahrzehntelang stabile Gefüge der Erlösströme von Presseprodukten verändert. In der Folge führt dies auch zu einer Verschiebung der Bedeutung des klassischen Print-Abonnements. So galt jahrzehntelang im Zeitungsbereich ein stabiler Erlösanteil von zwei Dritteln Werbeerlöse im Verhältnis zu einem Drittel Vertriebserlöse. Die Balance dieser Erlösströme hat sich seit 2000 deutlich zugunsten des Vertriebserlöses und somit zulasten des schrumpfenden Werbeerlöses verschoben. Der Paradigmenwechsel erfolgte 2010, als der Vertriebssektor die Führung übernahm (vgl. Breyer-Mayländer 2010). Hintergrund ist aber nicht etwa ein gestiegener Vertriebserlös durch eine völlig neue Zahlungsbereitschaft von Leserinnen und Lesern, sondern der gesunkene Werbeerlös insbesondere bei klassischen Anzeigenformaten und Verlagsbeilagen.

Dieser eklatante Rückgang im Werbegeschäft bei Presseprodukten, der auch in ähnlicher Form bei vielen Zeitschriftenformaten feststellbar ist, kommt durch eine Verlagerung der Werbebudgets auf digitale Kanäle und Plattformen, wobei hier redaktionell geprägte Plattformen nicht mehr in dem Maße relevant sind, wie das noch um die Jahrtausendwende der Fall war. Dabei gilt nach wie vor der Zusammenhang der Anzeigen-Auflagenspirale (vgl. Pürer und Rabe 1996, S. 216), wonach die im Markt führenden Medien, die für eine besondere klar umrissene Zielgruppe von Bedeutung sind, die höchsten Werbeerlöse relativ gesehen auf sich vereinen können. Wer – so die Theorie – mehr Werbeeinnahmen erzielt, kann wiederum in das redaktionelle Produkt investieren und wird damit eine noch größere Reichweite generieren können und somit noch besser im Werbemarkt als Erstmedium positioniert sein. Mit diesem

Modell lassen sich die Wechselwirkungen zwischen zurückgehenden Reichweiten und dem Rückgang der Werbeerlöse erklären. Denn gerade im Tageszeitungssektor ist das Unterschreiten einer kritischen Reichweitenschwelle in regionalen oder lokalen Märkten dafür verantwortlich, dass in diesen Fällen ein Zeitungstitel nicht mehr die erste Wahl darstellt, wenn ein Kunde in der Region, bzw. in dem Ort eine Werbekampagne plant. Beim Unterschreiten einer Schwelle, die die kritische Mindestreichweite repräsentiert, bricht in diesen Fällen der Werbeumsatz sehr stark ein. Selbst wenn der weiteste Nutzerkreis (vgl. Abb. 1.1) noch recht stabil wirkt, ist der Wettbewerb schärfer geworden, denn die gelegentliche Nutzung einer Mediengattung darf nicht darüber hinwegtäuschen, dass die Intensität und regelmäßige Nutzung gerade von Zeitungen im Wettbewerb nachgelassen haben.

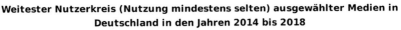

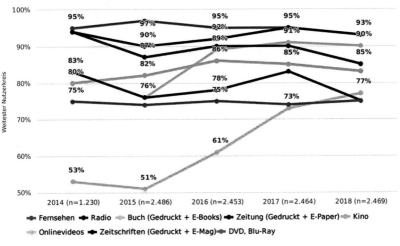

Abb. 1.1 Weitester Nutzerkreis (Nutzung mindestens selten) ausgewählter Medien in Deutschland in den Jahren 2014 bis 2018. (Quelle: Statista auf Basis der Daten der MA)

Wenn zudem durch zunehmende Wettbewerbsprodukte der Werbeerlös eines Mediums unter Druck gerät, gefährdet dies letztlich auch
die Marktposition im Vertriebsmarkt. Dadurch hat sich die Werbe-
relevanz vieler Presseprodukte in den vergangenen zehn Jahren drastisch
verschlechtert. Was im Zeitungsbereich der Verlust einer relevanten
Reichweite im Zielgebiet ist, war beispielsweise bei den Publikums-
zeitschriften in vielen Marktsegmenten die Zersplitterung des Marktes
durch eine gestiegene Titelvielfalt. Da zudem auf der Seite der Kosten
zahlreiche Skaleneffekte wirksam sind und die Kostenstruktur durch
eine Fixkostendegression geprägt ist, hat sich die Bilanz vieler Presseprodukte verschlechtert.

Vor diesem Hintergrund kommt einem gesicherten Vertriebserlös bei der Kalkulation einzelner journalistischer Produkte eine
noch größere Bedeutung zu, als es dies noch in den neunziger Jahren
des vorausgehenden Jahrhunderts und um die Jahrtausendwende der
Fall war. Dabei gilt nach wie vor, dass eine planbare Auflage sowohl
für die Kalkulation der redaktionellen Ressourcen als auch für die Stabilisierung des Werbegeschäfts unerlässlich ist. Hier hat die Abonne-
mentauflage gegenüber den im Einzelverkauf über Pressegrosso und
Kiosk, Bahnhofsbuchhandel oder branchenfremde Vertriebskanäle verkauften Einzelexemplaren (vgl. Breyer-Mayländer 2014, S. 450) durch
die Berechenbarkeit und die trägeren Marktentwicklungen gerade in
schrumpfenden Märkten einen großen Vorteil.

1.2   Einflussfaktoren auf Abonnementauflagen

Was sind nun die Faktoren, die für die Entwicklung von Abonnement-
auflagen maßgeblich sind? Abonnements oder im digitalen Umfeld
auch Subscriber-Modelle beinhalten unabhängig von den vertraglichen
Rahmenbedingungen stets eine mittel- bis langfristige Bindung eines
Lesers oder Nutzers an ein journalistisches, redaktionelles Produkt. Da
wir uns nach der Theorie des schweizerischen Soziologen Peter Gross
(vgl. 1994) in den deutschsprachigen Märkten in sogenannten Multi-
optionsgesellschaften bewegen, ist das Marktumfeld insgesamt schwieriger geworden. Unter einer Multioptionsgesellschaft verstehen wir das

Bestreben von Menschen, sich bei vielen Lebensentscheidungen letztlich nicht festzulegen, sondern stattdessen einen möglichst großen Korridor an Entscheidungsvarianten offen zu halten. Dies ist einerseits an einer gewissen Entscheidungsunfähigkeit und andererseits an einer immer wieder spürbaren Bindungsunfähigkeit erkennbar. Es geht nicht nur darum, sich bei der Wahl einer Wohnung möglichst auch viele Freizeitoptionen offen zu halten, die man in den vergangenen Jahren nie genutzt hat (die berühmte kurze Distanz zur Oper, die man nie besucht hat), sondern gerade bei der Planung von genutzter Freizeit und dem Einsatz des finanziellen Freizeitbudgets wird eine möglichst große Flexibilität angestrebt.

In einem solchen Szenario sind unterschiedliche Abonnement-verpflichtungen für Medien und vor allem für redaktionelle Medien nur begrenzt vermarktbar und spiegeln sich in der Entwicklung der Zeitungsauflagen direkt wider (vgl. Abb. 1.2). Da die Nutzung digitaler,

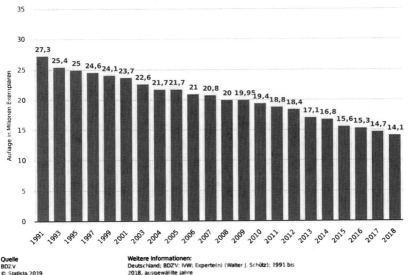

Entwicklung der verkauften Auflage der Tageszeitungen in Deutschland in ausgewählten Jahren von 1991 bis 2018 (in Millionen Exemplaren)

Quelle
BDZV
© Statista 2019

Weitere Informationen:
Deutschland; BDZV; IVW; Experte(n) (Walter J. Schütz); 1991 bis 2018, ausgewählte Jahre

Abb. 1.2 Entwicklung der verkauften Auflage der Tageszeitungen in Deutschland. (Quelle: BDZV nach statista)

insbesondere digitaler audiovisueller, Medien inzwischen auch im deutschsprachigen Raum über eine ganze Reihe von Plattformen organisiert wird, die bereits ein Abonnementmodell beinhalten (von Amazon-Prime oder Netflix), bleibt im Freizeit- und Medienbudget der privaten Haushalte auch zunehmend weniger Spielraum für klassische Abonnementverpflichtungen.

Dies führt uns zur nächsten gesellschaftlichen Veränderung: Der gesunkenen Anerkennung des finanziellen Werts journalistischer Leistungen. Gerade bei jüngeren Zielgruppen ist feststellbar, dass der Entstehungsprozess redaktioneller Produkte immer weniger von den Konsumenten durchschaut und anerkannt wird. Wer sich frei nach Jeff Jarvis darauf verlässt, dass Nachrichten, wenn sie von Bedeutung sind, ihn schon erreichen werden (vgl. Haller 2015), ist nur in seltenen Fällen bereit, für journalistische Arbeit auch Geld zu bezahlen. Zielgruppen, die davon ausgehen, dass es keine Informations- und Wissenslücken gibt, wenn sie keine journalistisch aufbereiteten Nachrichten und Informationen konsumieren, können auch durch ausgeklügelte Abonnementwerbestrategien kaum zum Abschluss einer dauerhaften Zahlungsverpflichtung bewegt werden.

Neben den in den nachfolgenden Kapiteln in den jeweiligen Praxisbeispielen behandelten Maßnahmen, wie Zielgruppen – insbesondere neue und junge Zielgruppen – durch die Abonnementwerbestrategien von Verlagen und Medienhäuser erreicht werden können, geht es daher auch um die Herstellung und Sicherstellung von Relevanz für die einzelnen Zielgruppen. Die Konzeption der redaktionellen Produkte muss daher – zunächst unabhängig von der Frage, wie man die jeweilige Produktvariante technisch umsetzen kann und ob dann beispielsweise eine plattformunabhängige Web-App für ein Digitalprodukt ausreicht, oder eine native App spezielle für Android und iOS erforderlich ist – inhaltlich auf die einzelnen Zielgruppen und Zielgruppensegmente ausgerichtet werden. Die jeweilige Lebenssituation der Zielgruppe ist für die Erwartungshaltung maßgebend, was ein journalistisches Produkt konkret leisten muss. Entsprechend kann in der Vermarktung, in der Argumentation und bei der Wahl der Vermarktungskanäle auch nicht mehr auf eine Universalität des Produktes, gesetzt werden. Stattdessen ist eine Zielgruppensegmentierung dringend erforderlich, um nicht nur Zielgruppenprodukte, Zielgruppenabonnementformen und in vielen Fällen auch Zielgruppenpreise platzieren zu können, sondern auch eine Weiterentwicklung der Angebotsformen und der konkreten Produkte im Dialog mit der Zielgruppe zu erreichen. Wie in Abschn. 2.1 nochmals dargestellt wird, ist dies eine grundsätzlich andere Vorgehensweise der Inhaltekonzeption, die auch ein verändertes Management der Kundendaten voraussetzt. Letztlich geht es um Kombinationen des redaktionellen Produkts, das mithilfe von unterschiedlichen Technologien aufbereitet und über unterschiedliche Plattformen angeboten wird. Dabei kommen auch verschiedene Vertriebswege und Abrechnungssysteme infrage, die jeweils genauso auf die Vorlieben der Zielgruppe abgestimmt werden müssen wie Zusatzprodukte und Services. Wiedemann et al. konnten schon vor mehr als 10 Jahren nachweisen, dass dabei die Zufriedenheit zwischen dem Kernprodukt und den Zusatzleistungen durchaus unterschiedlich ausfallen kann (2006, S. 45 und 47).

Die Zielgruppensegmentierung wird nicht nur über die Kombination unterschiedlicher journalistischer Inhalte, sondern auch über die Kombination unterschiedlicher Produktformen (beispielsweise Printprodukt, App, digitale PDF-Version) erreicht. Es geht daher bei der Weiterentwicklung und Optimierung des Abonnementvertriebs nicht um die Frage, welche physischen Produktformen eingesetzt werden oder gar um die verengte Betrachtungsweise der Abonnements der gedruckten Produkte, sondern die Vermarktung von Inhalten als Paid-Content. In den vergangenen fünf Jahren haben sich im Bereich redaktioneller Premiumprodukte, wie sie beispielsweise von regionalen Medienhäusern im Markt platziert werden, unterschiedliche Paid-Content-Strategien etabliert. Dabei sind gerade im digitalen Bereich Paywalls, die eine geringfügige Anzahl freier Artikel als Werbe- und Teaser-Elemente zulassen, aber anschließend nur noch den Zugang für zahlende Kunden gestatten, etabliert worden. Eng verwandt mit diesem Prinzip ist der sogenannte „metered access", bei dem festgelegt wird, wie viele freie Artikel möglich sind, bis ein Bezahlvorgang erzwungen wird. Auch wenn die technische Umsetzung dieser Produkte – beispielsweise durch die enge Bindung des Bezahlverfahrens an mit Cookies markierte Nutzer – in vielen Fällen Mängel aufweist und mit einem gewissen Aufwand und technischen Kenntnissen auch einige Inhalte kostenlos genutzt werden können, hat die Umstellung auf derartige Abschottungstechniken dazu geführt, dass in vielen Märkten eine Gewöhnung an die Zahlungspflicht bei journalistischen Inhalten möglich wurde. Ein Überblick über international erfolgreiche redaktionelle Newsangebote im Jahr 2018 zeigt, dass dabei drei Typen von Bezahlschranken im Einsatz sind (vgl. Kansky 2014). Harte Paywalls und metered access dominieren gleichrangig das Geschehen und werden durch die softere und seltenere Variante des Freemium-Modells, bei dem Teile des Angebots frei (free) verfügbar sind und andere nur bezahlenden Premium-Nutzern zur Verfügung stehen (vgl. Rakel 2018, S. 33), ergänzt.

Es geht daher als Vorbereitung für weitergehende Marketingmaßnahmen im Bereich von Abonnements und Subscriber-Modellen um die Schaffung eines Marktumfelds, in dem das kostenlose Trittbrettfahren („free ride") durch geeignete rechtliche und technische Maßnahmen unterbunden wird. Erst dann ist auch im Sinne der Medienökonomik der redaktionelle Inhalt eines Medienprodukts ein „ökonomisches Gut" und somit ein vermarktbares Produkt.

Daher war es aus strategischer Sicht für die Verlage bedeutsam, sich mit den Wettbewerbern, bzw. Partnern des öffentlich-rechtlichen Rundfunks, in Deutschland zu verständigen, welche Newsprodukte auf digitalen Plattformen kostenlos erhältlich sind und welche Newsprodukte einer konkreten Vermarktung als journalistische Produkte beispielsweise über Abonnements und Subscribermodelle zugänglich sind (vgl. o. V. 2018).

Ein weiteres strategisches Thema ist die Vermarktung von Content-Bestandteilen über sogenannte Aggregatoren, die journalistische Produkte aus unterschiedlichen Quellen in einer Kombination anbieten und damit markenunabhängig die Kombination unterschiedlicher redaktioneller Inhalte gestatten. Dabei werden die Aggregatoren auch vor unterschiedlichen Hintergründen betrieben. „Upday" aus dem Hause Springer ist ein Beispiel für einen Aggregator aus einem contentaffinen Medienhaus (vgl. Beisel 2018), während „Apple News" ein typisches Beispiel für hardwareorientierte Medienmodelle repräsentiert. „Facebook instant article" ist ein Beispiel für die Aggregator-Funktion großer Plattformen, während „Blendle" das typische Aggregatoren Startup verkörpert (vgl. Winterbauer 2017).

Auch die Steigerung der eigenen Reichweite über die Nutzung von Suchmaschinen und Social-Media-Plattformen, wie beispielsweise die Vermarktung über Google-Ads als Search-Engine-Advertising (SEA), die Optimierung der inhaltlichen Struktur (Search Engine Optimization – SEO) und die entsprechenden redaktionellen Content-Bereiche von Facebook oder anderen Social-Media-Plattformen ist für die Verlage relevant. Es geht einerseits darum, möglichst viele Menschen in Kontakt mit dem eigenen Produkt zu bringen und eine Vermarktbarkeit der redaktionellen Leistung über Paid-Content-Modelle zu ermöglichen und gleichzeitig die Reichweite für die Werbevermarktung zu steigern. Andererseits muss darauf geachtet werden, dass die breite Verfügbarkeit der redaktionellen Inhalte beispielsweise in einer Vorabansicht im Rahmen des Suchmaschinenmarketings nicht dazu führt, dass die Kerninhalte und damit der Kernnutzen des Produktes bereits verbreitet wird, ohne dass eine Zahlungspflicht besteht und somit das eigene Paid-Content-Modell auf diese Art und Weise unterlaufen wird. Entscheidend ist in diesem Zusammenhang das gezielte Digitalmarketing. Interessenten, die Inhalte nutzen, sich aber nicht dazu durchringen können, ein Abonnement abzuschließen, sollten über Retargeting (Vgl. Kamps und Schetter 2018, S. 127 ff.), d. h. die wiederholte Kontaktaufnahme immer wieder auf die Subscriber-Varianten hingewiesen werden. Dabei ist es im Sinne des Programmatic-Advertising (Busch 2016), d. h. der gezielten Automatisierung der digitalen Werbung und der automatisierten Umfeldanalyse hilfreich, wenn beispielsweise die Vorlieben in Bezug auf die genutzten Inhalte auch für die Abowerbung eingesetzt werden. Wer sich für Sport interessiert, der kann eher mit einem digitalen WM-Abo geködert werden und wird den Hinweis auf neuen Sport-Content sehr viel eher honorieren, als jemand, der sich eigentlich nur für Politik und Wirtschaft interessiert.

Um langfristigen wirtschaftlichen Erfolg mit Abonnements und Kundenbeziehungen erzielen zu können, ist nicht die kurzfristige Wandlungsquote das richtige Maß, bei dem es beispielsweise darum

geht, ob man aus einer Abowerbeaktion eine hohe Zahl an Kurzzeit-
abonnements generieren konnte, sondern es bedarf einer Orientierung
an den Kundenerfahrungen im Sinne eines Customer-Experience-
Managements und somit um die „werthaltige Kundenbeziehung" (vgl.
Leeuwe et al. 2018, S. 78 ff.).

Literatur

Beisel, K. (2018). Mit fremden Federn geschmückt. sz.de. https://www.
sueddeutsche.de/medien/nachrichten-app-mit-fremden-federn-geschmu-
eckt-1.3840935. 25. Januar 2018. Zugegriffen: 5. Nov. 2018.
Breyer-Mayländer, T. (2010). Paradigmenwechsel – Vertrieb überholt
Werbung. In BDZV (Hrsg.) *Zeitungen* (S. 265–273). Berlin: ZV Verlag.
Breyer-Mayländer, T. (2014). Vertriebsmarketing in Presseverlagen. In
T. Breyer-Mayländer et al. (Hrsg.) *Wirtschaftsunternehmen Verlag* (S. 437–
472). Frankfurt: Bramann.
Busch, Oliver. (2016). The programmatic advertising principle. In O. Busch
(Hrsg.), *Programmatic advertising, management for professionals* (S. 3–15).
Wiesbaden: Springer Gabler.
Gross, P. (1994). *Die Multioptionsgesellschaft*. Frankfurt a. M.: Suhrkamp.
Haller, M. (2015). *Was wollt ihr eigentlich? Die schöne neue Welt der Generation
Y*. Hamburg: Murrmann-Verlag.
Kansky, H. (2014). Paid-Content-Modelle in der Übersicht. In T. Breyer-
Mayländer (Hrsg.), *Vom Zeitungsverlag zum Medienhaus: Geschäftsmodelle
im Zeitalter der Medienkonvergenz* (S. 83–102). Wiesbaden: Springer-
Gabler.
Kamps, I., & Schetter, D. (2018). *Performance Marketing: Der Wegweiser zu
einem mess- und steuerbaren Marketing – Einführung in Instrumente, Metho-
den und Technik*. Wiesbaden: Springer Gabler.
o. V. (2018). Eine Plattform, die nach unseren Werten ausgerichtet ist, in:
faz.de, 26.09.2018. http://www.faz.net/aktuell/feuilleton/medien/digitale-
plaene-des-ard-vorsitzenden-ulrich-wilhelm-15807827.html. Zugegriffen:
5. Nov. 2018.
Pürer, H., & Raabe, J. (1996). *Medien in Deutschland* (Bd. 1: Presse).
Konstanz: UVK.
Rakel, W. (2018). Die Paid-Content-Elite. *dnv, 12,* 33.

van Leeuwe, X., Lindsay, M., & van de Peppel, M. (2018). *Relationship Economy – Erfolg durch werthaltige Kundenbeziehungen.* Konstanz: UVK.

Wiedemann, K.-P., Hennigs, J., & Tilleke, R. (2006). Die Wirkung von Zusatzleistungen auf Kundenzufriedenheit und Kundenbindung im Verlagsmarketing. *Der Markt, 45*(1), 39–50.

Winterbauer, S. (2017). Fünf Gründe, warum Blendle in Deutschland (noch) nicht aus der Nische kommt. meedia.de, 27.02.2017. https://meedia. de/2017/02/27/fuenf-gruende-warum-blendle-in-deutschland-noch-nicht-aus-der-nische-kommt/. Zugegriffen: 5. Nov. 2018.

2

Zukunft Abo – das wollen die Leser

Peter Lorscheid und Alexander von Reibnitz

Zusammenfassung Die Zukunftsfähigkeit des Abonnements hängt entscheidend davon ab, dass es gelingt, nicht nur bei der inhaltlichen Konzeption der Medienprodukte, sondern insbesondere auch bei den Geschäfts- und Erlösmodellen den Erwartungen der Leserschaft zu entsprechen. Mithilfe von Konzepttests und Lesertypologien lassen sich Anforderungen an künftige Abonnementprodukte und Leistungsbündel messen und systematisieren.

P. Lorscheid (✉)
SVI Siegfried Vögele Institut GmbH, Bonn, Deutschland
E-Mail: peter.lorscheid@deutschepost.de

A. von Reibnitz
Wort & Bild Verlag, Baierbrunn bei München, Deutschland
E-Mail: avreibnitz@hotmail.com

© Springer Fachmedien Wiesbaden GmbH, ein Teil von Springer Nature 2019
T. Breyer-Mayländer und M. Keil (Hrsg.), *Kundengewinnung und Kundenbindung bei Presseabonnements*, https://doi.org/10.1007/978-3-658-26050-7_2

2.1   Einleitung

Seit 2012 hat sich das Kommunikations- und Mediennutzungsverhalten in Deutschland massiv geändert – Haupttreiber ist hierfür die Digitalisierung. Zeitschriftenauflagen und -abonnements entwickeln sich weiterhin rückläufig. Auf der anderen Seite hat es mit der Digitalisierung einen Boom von aboartigen Geschäftsmodellen gegeben: Netflix oder Spotify verändern durch ihren Markteintritt den Musik- und Filmmarkt nachhaltig.

Vor diesem Hintergrund gewinnt die Frage nach der Zukunft von Zeitschriften-Abonnements an Aktualität. Der Verband Deutscher Zeitschriftenverleger (VDZ) und Deutsche Post AG führten daher 2017/2018 eine dreistufige Studie durch, um Nutzung von und Anforderungen an Zeitschriften-Abonnements im Zeitalter der Digitalisierung zu untersuchen. Die Ergebnisse dieser Studie stellen die Grundlage dieses Artikels dar.

2.2   Mögliche Stoßrichtungen für Presse-Abos

Zur Weiterentwicklung des Abos lassen sich vier grundsätzliche Stoßrichtungen identifizieren:

- Erstens das sog. „Article Picking", das sich sehr nah an Musik- oder Video-Streaming-Abos anlehnt. Hierbei können zum Festpreis Artikel aus einem bestimmten Themenpaket gelesen werden. Dies setzt Verlagskooperationen voraus und funktioniert eigentlich nur digital.
- Zweitens das im Konzept-Test fokussierte Bündelungsmodell. Auch hier sollten mehrere Verlage kooperieren, um ein attraktives Angebot innerhalb eines Themenbereichs zu schaffen, in dem man flexibel wechseln und kombinieren kann.
- Drittens ist es denkbar, das Abo als Markenerlebnis weiterzuentwickeln. Dies ist eher für Nischentitel etwa im Modebereich geeignet. Das traditionelle Abo wird mit Zusatzleistungen aufgewertet, mit denen die Zugehörigkeit zu einer exklusiven Community erlebbar gemacht wird.

- Schließlich bietet auch das Abo in der traditionellen Form weiterhin Potenzial. Mit dem entsprechenden Preisvorteil lassen sich traditionelle Kunden längerfristig binden.

2.3 Status des Presse-Abos und Abo-Typologie

Digitalisierung hin oder her: Nach den Studienergebnissen steht das Presseabo hinter dem Filmabo in Bezug auf die Verbreitung weiterhin auf Platz zwei – deutlich vor Abos im Bereich Musik oder Sport. Außerdem zeigt sich noch etwas anderes: Es gibt so etwas wie eine „allgemeine Abo-Affinität". Ein bestimmter Menschentyp neigt offenbar dazu, sich dauerhaft an den Bezug bestimmter Produkte oder Dienstleistungen zu binden. Wer ein Presse-Abo hat, hat mit höherer Wahrscheinlichkeit auch Abos in anderen Bereichen – und umgekehrt.

Als Hauptvorteile des Abonnements werden weiterhin die bequeme und pünktliche Lieferung sowie der Preisvorteile genannt. Als Barrieren gegen den Abo-Abschluss treten insgesamt die langfristige Bindung und die Verfügbarkeit kostenloser Inhalte im Internet in den Vordergrund.

Tatsächlich ist es allerdings so, dass die Gründe für und gegen das Abo je nach Person stark variieren. Um dies genauer zu untersuchen, wurden im Rahmen einer Clusteranalyse wurden in Bezug auf die Nutzung von Presse-Abos sechs Abo-Typen definiert (vgl. Abb. 2.1). Dabei unterscheiden sich die Cluster einerseits nach ihrer Affinität in Bezug auf Zeitschriften-Abos, andererseits in ihrer Aufgeschlossenheit gegenüber dem Trendthema Digitalisierung.

Bei der Entwicklung zukunftsträchtiger Abo-Angebote sollte man segmentspezifisch vorgehen. Dazu ist wichtig zu wissen, welche Segmente in der Zielgruppe eines Titels besonders stark vertreten sind, um die Aktivitäten danach auszurichten.

Für Verlage am interessantesten sind die „Modernen Abo-Fans" und die „Anspruchsvollen Informationsgetriebenen". Beide sind für Presse-Abos empfänglich, eher jung und gegenüber der Digitalisierung aufgeschlossen und erwarten eine entsprechende digitale Ausgestaltung des Abos. Der Unterscheid liegt in ihrer Motivlage: Der „Moderne Abo-Fan" ist eher preisgetrieben und erwartet Rabatte oder Abschlussprämien,

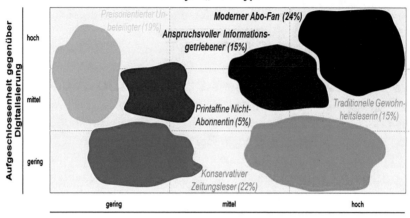

Abb. 2.1 Clusteranalyse auf Basis einer repräsentativen Befragung von 2109 Personen im Juli 2017. (Quelle: VDZ & Deutsche Post AG: Abo-Studie 2017)

während den „Anspruchsvollen Informationsgetriebenen" an einem Abo vor allem qualitativ anspruchsvolle, aktuelle Inhalte interessieren. Demgegenüber gibt es die „Traditionellen Gewohnheitsleserin", die noch kaum im digitalen Zeitalter angekommen ist und eher traditionelle Aboformen bevorzugt. Das Potenzial dieses eher „älteren Semesters" sollten die Verlage abzuschöpfen versuchen.

Daneben gibt es noch drei Segmente, die nicht so Abo-aufgeschlossen sind: Die „Printaffine Nichtabonnentin" liest im Grunde ganz gerne, mag sich aber nur ungern längerfristig binden. Hier gilt es, mit flexiblen Abo-Angeboten den Vorbehalten gegen das Abo entgegenzukommen. Der „konservative Zeitungsleser" hingegen interessiert sich eher für Zeitungen als für Zeitschriften; der „Preisorientierte Unbeteiligte" ist zwar jung und digital aufgeschlossen, aber bildungsfern und liest kaum. Diese beiden Cluster sind für die Vermarktung von Zeitschriften-Abos uninteressant.

2.4 Konzepttest

Der Konzepttest beschäftigte sich vor allem mit Bundling-Modellen, die mehrere Abos unter einem Dach zusammenführen und mehr Flexibilität als die heute üblichen Abo-Modelle mitbringen. Wer heute bereits ein Abo hat, für den ist der zeitgleiche Bezug mehrerer Titel aus einem bevorzugten Themenbereich, z. B. Nachrichtenmagazine, spannend. Mit dem entsprechenden Preisvorteil wird auch für dieses Paket die Bindung für ein Jahr akzeptiert.

Wer hingegen noch kein Abo hat, sich das aber prinzipiell vorstellen kann, für den ist ein flexibles Wechselmodell interessant. Dabei bezieht man z. B. nur einen Nachrichtentitel gleichzeitig, kann den konkreten Titel innerhalb des Abos aber flexibel wechseln. Unter diesen Voraussetzungen ist man auch hier bereit, sich längerfristig an ein solches Abo zu binden.

Auf den ersten Blick sieht es so aus, als ob das Abo-Format keine Rolle spielen würde. Dem ist aber nicht so. Vielmehr zeigt sich ein je nach Alter sehr heterogenes Bild. Junge Leute bevorzugen klar das digitale Abo, am liebsten in Kombination mit dem Print-Abo. Selbst bei der Jugend ist also Print nicht vollkommen out, sondern eine willkommene Ergänzung eines modernen Digital-Abos.

Demgegenüber können die älteren Bevölkerungsgruppen mit dem Digital-Abo wenig anfangen; sie wünschen sich das klassische Abo in gedruckter Form. Bei Personen im mittleren Alter ist das Bild uneinheitlich, je nachdem, wie weit diese Zielgruppe schon in der digitalen Welt angekommen ist.

Literatur

VDZ & Deutsche Post AG. (2017). Abo-Studie 2017, Berlin. https://www.vdz.de/fileadmin/vdz/upload/services/Downloads/DCORE_SVI_VDZ_Abostudie_2017_2018_gesamt.pdf. Zugegriffen: 12. Febr. 2019.

3

Was sind „junge Leser" im Jahr 2018?

Thorsten Merkle

Zusammenfassung Auch in einer Phase, in der 35-jährige Leser*innen ebenfalls noch zur jungen Leserschaft gehören, kommt der Heranführung von Lesenachwuchs an Abonnementprodukte eine besondere Bedeutung zu. Die Initiative junge Leser gibt einen Überblick über Spezialprodukte für Kinder und Jugendliche und deren Akzeptanz und Erfolgsfaktoren.

Welches Bild kommt Ihnen in den Sinn, wenn Sie sich junge Leser von Tageszeitungen vorstellen? Kinder, die eine Kinderseite in der Zeitung lesen? Jugendliche, die auf der Sportseite nach ihrem Verein suchen? Oder Studierende mit FAZ-Digital-Abo auf dem Tablet, das als Teil des Bundle-Angebots erworben wurde? All diese Bilder sind richtig, und doch sind sie unzureichend.

Alter ist objektiv, jung und alt aber sind relative Begriffe. Es gibt junge Rentner und alte Schüler. Das Durchschnittsalter der Abonnenten lokaler und regionaler Tageszeitungen liegt irgendwo zwischen Ende

T. Merkle (✉)
jule: Initiative Junge Leser GmbH, Burgwedel, Deutschland
E-Mail: merkle@tbm-marketing.de

© Springer Fachmedien Wiesbaden GmbH, ein Teil von Springer Nature 2019
T. Breyer-Mayländer und M. Keil (Hrsg.), *Kundengewinnung und Kundenbindung bei Presseabonnements*, https://doi.org/10.1007/978-3-658-26050-7_3

50 und Mitte 60. Ohne übertrieben zynisch sein zu wollen: Von dieser Warte aus betrachtet sind alle, die jünger als 40 Jahre sind junge Leser.

Wenn wir aus Sicht des Abomarketings Zielgruppen identifizieren, die entweder mit Maßnahmen adressiert oder für die eigene Produkte geschaffen werden, ergibt sich eine relativ große Bandbreite von sogenannten jungen Lesern, genauer: jungen Zielgruppen.

Da sind zunächst – kein Scherz – Kinder. Für sie haben Zeitungsverlage eigene Produkte entwickelt, die Kinder-Abozeitungen – keine Rätselhefte, sondern nachrichtliche Produkte für Kinder, die härteste und kritischste Zielgruppe der Welt, die im wöchentlichen und monatlichen Rhythmus nach Hause zugestellt werden.

Zu nennen sind als Flaggschiffe Kruschel von der Verlagsgruppe Rhein-Main (VRM) aus Mainz, die mittlerweile Mantellieferant für weitere Verlage (Rheinische Post, Kölner Stadt-Anzeiger, Nordkurier) ist. Dasselbe gilt für die Stuttgarter Kinderzeitung und -nachrichten (Partner sind Schwarzwälder Bote, Waiblinger Kreiszeitung, Weser-Kurier). Dankenswerterweise lesen Kinder in Deutschland auch am liebsten auf gedrucktem Papier (Kindermedienstudie 2018) und nutzen das Internet lieber zum Spielen, Recherchieren und Kommunizieren, sodass ein klassischer Printtitel Sinn macht.

Auch die Eltern schätzen es, wenn die Kinder Gedrucktes lesen – der bildungsbürgerliche Impuls greift noch, und viele Eltern sind froh um alles, was die Kleinen von Bildschirmen fernhält (auch wenn ihre eigene Mediennutzung anders aussieht). Denn die junge Familie mit doppeltem Einkommen und mehreren Kindern, die früher mit Sesshaftwerdung automatisch eine Zeitung abonniert hat, tut dies schon lange nicht mehr in dem Maße wie noch vor einigen Jahren. Aber Mama und Papa sind ebenso junge Leser wie ihre im Haushalt lebenden Kinder.

Auch für sie sind die Kinder-Abozeitungen ein guter Köder: Es entsteht eine Kundenbeziehung, aufgebaut auf einem qualitativ hochwertigen Produkt, das auch die Marke der „Mutter" Tageszeitung mittransportiert. Wie genau diese Kundenbeziehung genutzt und ausgebaut werden kann, ist aktuell noch nicht erprobt. Aber der Grundstein ist gelegt.

Lange Jahre waren auch Azubis eine wertvolle Zielgruppe im Abomarketing vieler Verlage. Azubi-Projekte wie die verlagsübergreifende Initiative ZeiLe in Rheinland-Pfalz und erfolgreiche Projekte einzelner Verlage wie

„Zukunft bilden" der Braunschweiger Zeitung oder „News to use" der Rheinischen Post sprechen Ausbildungsunternehmen an, die für ihre Azubis die Zeitung und/oder digitale Inhalte abonnieren. Die Teilnehmer verbessern nachgewiesenermaßen (vgl. Maier et al. 2014) ihre Allgemeinbildung und erhalten begleitende Weiterqualifikationen, sodass die Projekte zwischenzeitlich den Charakter einer beruflichen Fortbildung zum Preis eines Zeitungsabonnements angenommen haben.

Mittlerweile wird es für die Verlage zunehmend schwerer, Unternehmen für diese Initiativen zu gewinnen. Als Teil der Aboproduktion print sind die Projekte nicht mehr so erfolgreich wie noch vor wenigen Jahren. Vermehrt überlassen die Unternehmen die Entscheidung über Teilnahme und Fortsetzung den Azubis, und häufig wird das Bundle-Angebot – Tablet + Digitalzugang – gewählt, das eine andere Erlösstruktur hat als das klassische Print-Abo.

Eine junge Zielgruppe mit eigener Angebotskategorie sind natürlich die Studierenden, aber die Studentenabos spielen sowohl im Markt als auch im Diskurs darüber, welche Maßnahmen junge Zielgruppen erschließen, keine übergeordnete Rolle.

Von den Studentenabos hin zu altersdifferenzierten Angeboten für junge Zielgruppen ist es nur ein kleiner Schritt, denn auch der Status Student bringt (mindestens implizit) ein junges Alter mit sich. Das U-29-Abo ist bei der Kleinen Zeitung (Graz) Teil der Angebotsstruktur (dito SPIEGEL+, dort heißt es U-30). Zum Entstehungszeitpunkt dieses Textes werden in Zeitungsverlagen in Deutschland altersdifferenzierte Aboangebote geprüft und getestet. Hauptmerkmal: Preisdifferenzierung. Die Jungen zahlen weniger, in Graz 50 %. Bekannt ist dieses Modell aus anderen Branchen, z. B. von Mobilfunkanbietern, für die Zeitungsbranche ist es neu.

Dahinter steckt ein faszinierender Gedanke: Was, wenn junge Menschen, entgegen vieler Unkenrufe, tatsächlich Interesse an der Zeitung und ihren Inhalten, aber andere Mediennutzungs-, Finanz- und Zeitbudgets als der „klassische" Abonnent haben? Was, wenn die Produkte nicht falsch sind, sondern der Preis?

Darauf setzen auch Experimente mit sogenanntem „dynamic pricing", also mehreren Preisstufen, die deutlich niedriger sind als das reguläre Vollabo. Ziel ist es, sowohl im Neukundenmarketing als auch in der Kündigerrückgewinnung marktgerechtere Angebote zu finden und Wandlungsquoten zu erhöhen. In einzelnen Feldversuchen ist jetzt schon klar, dass ein Teil der Neukunden deutlich jünger ist als der – siehe oben – reguläre Abonnent der Zeitung. Ein junger Leser also.

Und zuletzt spricht auch vieles dafür, dass neue Versuche im digitalen Abomarketing, die z. B. das Hamburger Abendblatt nach skandinavischem Vorbild unternimmt, geeignet sind, jüngere Zielgruppen zu monetarisieren. Dabei ist die Usability beim Registrierungs- und Bezahlprozess – minimale Datenabfrage, Bezahlwege PayPal und Kreditkarte – sowie die Angebotsstruktur – niedrigpreisig sowie monatliche Kündbarkeit – mindestens ebenso ausschlaggebend wie der redaktionelle Inhalt, der den (jungen) Leser abholt und wandelt.

Der Ausgang dieser Experimente, ihre Auswirkung auf den Bestand und das Neukundengeschäft sind unklar. Das Faszinierende an diesen Experimenten und auch am Erfolg der Kinder-Abozeitungen ist, dass es für die bestehenden Produkte und den Markenkern der Tageszeitungen ein zahlungsbereites, junges Publikum gibt. Aber jung und alt sind eben nicht nur relative, sondern auch unscharfe Begriffe: Alterscluster allein reichen nicht aus, um die Zielgruppen vernünftig zu beschreiben. Es wird junge Printleser geben und alte Digitalkunden. Sie zu finden, Produkte und Angebote für sie zu entwickeln und bereit zu stellen, wird die Herausforderung sein, der sich die Zeitungen in den kommenden Jahren stellen müssen.

Literatur

Kindermedienstudie. (2018). Die KMS wird von den sechs Verlagshäusern Blue Ocean Entertainment AG, dem Spiegel-Verlag, dem Zeit-Verlag, Egmont Ehapa Media GmbH, Gruner + Jahr sowie Panini Verlags GmbH seit 2017 gemeinsam durchgeführt und erhebt repräsentativ die Medienwelt und Lebensrealität von 7,29 Millionen vier- bis 13-Jährigen in Deutschland. www.kinder-medien-studie.de. Zugegriffen: 11. Okt. 2018.

Maier, J., Maier, M., Hosenfeld, A., König, W., König, M., Rahnke, M., et al. (2014). *Printmedienrezeption und Kompetenzerwerb – Ein Langzeitexperiment zur Wirkung der lokalen Tageszeitung auf individuelle Lebenschancen und die gesellschaftliche Teilhabe junger Erwachsener.* Baden-Baden: Nomos.

4

Ein Clubmodell aus Freiburg: fudders Club der Freunde

Markus Hofmann

Zusammenfassung Fudder ist ein Produkt aus dem Badischen Verlag, mit dem zielgruppengerecht junge Menschen an redaktionelle, lokale Produkte herangeführt werden können. Der Wert der redaktionellen Inhalte aus Sicht der Zielgruppe ermöglicht in Verbindung mit Maßnahmen der Kundenbindung die aktive Vermarktung gegenüber den Nutzern. Dabei kommt dem strukturierten digitalen Aufbau des Produkts eine besondere Bedeutung zu.

Wie kann eine Tageszeitung junge Menschen für Lokaljournalismus begeistern? Dies war die Ausgangsfrage, als die Freiburger Website fudder.de im Januar 2006 gestartet wurde. fudder ist ein Kind der Badischen Zeitung, die seinerzeit (wie die allermeisten Regionalzeitungen) feststellte, dass die Leserschaft der gedruckten Zeitung altert, während jüngere Leser immer seltener gedruckte Produkte abonnieren. fudder wurde zum Labor, in dem ein junges Team die noch recht junge Disziplin des Online-Journalismus' und neue Geschäftsmodelle erforschen sollte.

M. Hofmann (✉)
Badische Zeitung, Freiburg, Deutschland
E-Mail: hofmann@badische-zeitung.de

© Springer Fachmedien Wiesbaden GmbH, ein Teil von Springer Nature 2019
T. Breyer-Mayländer und M. Keil (Hrsg.), *Kundengewinnung und Kundenbindung bei Presseabonnements*, https://doi.org/10.1007/978-3-658-26050-7_4

Zum Launch von fudder.de standen alle Inhalte frei und kostenlos im Netz – das Geschäftsmodell war vollständig werbebasiert. Neben Display-Werbung, einem täglichen Mittagstisch-Newsletter und nativen Werbeformaten zählt bis heute ein zweimal pro Jahr erscheinender (gedruckter) City-Guide für Studenten zu den wichtigsten Erlösquellen. Die fudder-Redaktion eroberte mit exklusiven News, unkonventionellen Perspektiven und einer frischen Sprache sehr schnell ihr Publikum im Großraum Freiburg – Studenten, junge Berufstätige, Exil-Freiburger in aller Welt.

Die Website wuchs in den Anfangsjahren rasant. Seit 2013 liegt die Reichweite stabil bei monatlich etwa 200.000 Unique Usern, 500.000 Visits und 2 bis 3 Mio. Page Impressions. Eine stabile Reichweite impliziert aber auch stagnierende Werbeerlöse – noch dazu bei einem wachsenden Wettbewerbsdruck von Google und Facebook, die zunehmend auch lokale Anzeigenmärkte dominieren. Es wurde deutlich: Allein mit Werbeerlösen kann eine regionale Zielgruppenwebsite wie fudder nicht dauerhaft wirtschaftlich betrieben werden. Zeit für einen Kurswechsel.

Wie kann ein regionales Nachrichtenportal in der digitalen Welt seinen Leserinnen und Lesern nachhaltig wirtschaftlich Qualitätsjournalismus bieten? Ein Versuch ist fudders Club der Freunde. Im Sommer 2016 ist der fudder-Club gegründet worden. Im Vorfeld ist den Lesern sowohl online wie auf diversen Offline-Veranstaltungen erklärt worden, warum fudder einen Club gründet und Freunde sucht. Gegen eine monatliche Clubgebühr von 7,90 € erhalten die Mitglieder ein Leistungspaket, das aus drei Komponenten besteht:

1. Journalistische Bezahlinhalte: Club-Member haben Zugriff auf alle Paid-Content-Inhalte von fudder.de und Badische Zeitung Online (Website und News-App). Damit verbunden war die Einführung einer Paywall auf fudder – seit Mai 2017 ist die Lektüre von täglich ein bis zwei exklusiven Clubartikeln den Mitgliedern vorbehalten.
2. Events und Rabatte: fudders Freunde können monatlich kostenlos an Clubaktionen teilnehmen, zum Beispiel an Talk-Shows mit regionalen Gästen, Filmnächten mit Filmen aus Freiburg oder Theateraufführungen. Mit der fudder-Card gibt es Rabatte beim Kauf von Konzerttickets oder beim Besuch von Freizeitangeboten. Noch dazu

werden monatlich Dutzende hochwertiger Konzerttickets exklusiv unter Mitgliedern verlost.

3. Charity: fudder unterstützt gemeinnützige lokale Organisationen wie die Rosa Hilfe oder die Freiwillige Feuerwehr. Diese Organisationen erhalten ein kostenloses Media-Paket, um sich mit Bannern oder redaktionellen Beiträgen in den fudder-Kanälen präsentieren zu können. fudder-Mitglieder unterstützen damit durch ihre Mitgliedschaft die lokale Gemeinschaft und den Zusammenhalt.

Wer Mitglied wird bei fudder, bindet sich für zwölf Monate – so lange ist die Mindestlaufzeit. In den ersten 24 Monaten sind 250 fudder-Leser dem Club der Freunde beigetreten – die meisten davon stammen aus der Region Freiburg und sind zwischen 25 und 35 Jahre alt. Die Haltbarkeit der Mitgliedschaft ist erstaunlich und erfreulich hoch: Weniger als 15 % der Mitglieder kündigen nach dem ersten Jahr.

Um seine Mitglieder zu halten, setzt fudder diverse Kundenbindungsinstrumente ein

- Jedes neue Mitglied wird persönlich per E-Mail begrüßt und über das Leistungsspektrum der Mitgliedschaft informiert
- In einem monatlichen Club-Newsletter erfahren die Mitglieder, welche Aktionen anstehen und welche journalistischen Inhalte zuletzt besonders lesenswert waren.
- Viele Clubmitglieder sind einer (geschlossenen) Facebookgruppe beigetreten, in der unkompliziert Informationen ausgetauscht werden können.
- Mit der fudder-Card erhalten die Mitglieder bei vielen Events attraktive Rabatte.
- Bei den monatlich stattfindenden Clubevents können sich die Redaktion und die Mitglieder persönlich treffen und austauschen.

Um neue Mitglieder zu akquirieren, setzt fudder vor allem auf redaktionelles Marketing und die Social Media-Kanäle Facebook, Instagram und WhatsApp. Begleitet werden diese Aktivitäten durch Display-Werbung, Vertriebsaktionen bei Veranstaltungen sowie gelegentliche Beiträge in der gedruckten Ausgabe der Badischen Zeitung.

Gut zwei Jahre nach seiner Gründung ist der Club der Freunde zu einer sichtbaren, stetig wachsenden Erlösquelle für fudder geworden. Der fudder-Club ist einer von mehreren Bausteinen der Digitalstrategie der Badischen Zeitung, bei der Paid Content und Digital-Abonnements konsequent im Fokus stehen. Wenn junge Menschen in Freiburg damit beginnen, sich mit Lokaljournalismus zu beschäftigen, ist fudder häufig die erste Anlaufstelle. Mit dem fudder-Club erhält diese junge Zielgruppe von Anfang an das wichtige Marktsignal: Journalistische Inhalte können in der digitalen Welt nicht kostenlos angeboten werden.

5

Innovative Neukundengewinnung und digitale Wege zum Leser von Morgen

Alexandra Wildner und Thomas Breyer-Mayländer

Zusammenfassung Die Mittelbayerische Zeitung ist ein Verlagsbeispiel, das deutlich macht, wie mithilfe einer kontinuierlichen und systematischen Marktbearbeitung auch in stagnierenden Printmärkten eine Stabilisierung der Kundenstruktur möglich ist. Die Kombination mit digitalen Angeboten und die ebenfalls kombinierte Nutzung von unterschiedlichen, teilweise digitalen Kommunikations- und Absatzkanälen sind dabei zentrale Erfolgsfaktoren.

Wenn man den Reichweitenerfolg der Mittelbayerischen Zeitung in Regensburg analysiert, dann erkennt man zum einen eine Organisationsstruktur, bei der die Fachabteilungen sehr klar an Zielgruppen und den Zielgruppennutzen orientiert sind und zum anderen zeigt sich eine

A. Wildner (✉)
Mittelbayerische Zeitung, Regensburg, Deutschland
E-Mail: alexandra.wildner@mittelbayerische.de

T. Breyer-Mayländer
Hochschule Offenburg, Offenburg, Deutschland
E-Mail: breyer-maylaender@hs-offenburg.de

© Springer Fachmedien Wiesbaden GmbH, ein Teil von Springer Nature 2019
T. Breyer-Mayländer und M. Keil (Hrsg.), *Kundengewinnung und Kundenbindung bei Presseabonnements*, https://doi.org/10.1007/978-3-658-26050-7_5

Aufgeschlossenheit gegenüber neuen Produktformen und neuen Kommunikations-und Vertriebswegen. Nur in der Kombination aus harter Orientierung am Kundennutzen und einer effektiven Nutzung aller möglichen Vertriebswege kann in einem stagnierenden bis schrumpfenden Markt eine positive Unternehmensentwicklung über den Vertrieb sichergestellt werden.

> **Die Wege zum Kunden, die von der Abteilung Privatkunden-marketing genutzten traditionellen Kommunikationskanäle sind dabei**
>
> - Standwerbung/Haustürverkauf
> - Telefonmarketing
> - Direktmarketing
> - Leser-werben-Leser (LwL)
> - klassische lokale Kommunikationskanäle (Anzeigen, Kino-, TV-, Hörfunkwerbung, Out-of-Home-Media, wie beispielsweise Großflächenplakate etc.)
> - Anlass- bzw. zielgruppenbezogene Werbearten: Umzugsservice, Studentenabo, Zustellerwerbung, Mitarbeiterwerbung, Werbegeschenke etc.

Da mit diesen klassischen Methoden nur ein Teil, in vielen Fällen vorwiegend ein älterer Teil der Zielgruppe, erreicht werden kann, ist es für Verlage mit einem umfassenden Print- und Digitalangebot notwendig, die jüngeren Zielgruppen, die digital affin sind, auch über digitale Kanäle zu adressieren. In Ergänzung zu den oben dargestellten Vertriebs- und Kommunikationswegen sind daher neue Kanäle notwendig. Am Beispiel des Mittelbayerischen Medienhauses lassen sich hier folgende Wege aufzeigen:

> **Digitale Kanäle**
>
> - E-Mailing
> - Paywall zur Monetarisierung
> - Aboshop
> - Online-Werbung
> - Google- und Facebook-Werbung
> - Mobile Marketing
> - Affiliate-Marketing etc.

Während die etablierten Kanäle in den meisten Vertriebs-und Marketingabteilungen der Medienhäuser seit Jahren verfeinert werden und lediglich einer Neuausrichtung der Zielsetzungen und unter Umständen auch der dabei gewählten KPIs bedürfen (vergleiche Kapitel zwei), ist für die digitalen Kanäle nicht in allen Fällen ein ausreichender Erfahrungshintergrund für die Steuerung vorhanden. So gibt es beispielsweise bei Mailings einen grundlegenden Unterschied, ob ein Mailing als gedruckter Brief, beispielsweise zur Reaktivierung von ehemaligen Kunden, versandt wird, oder dieses Mailing als eine Variante des E-Mail-Marketings erfolgen soll. Vordergründig spricht sehr viel für digitale Mailings, da die fehlenden Produktionskosten für die technische Herstellung und die exakte Erfolgskontrolle inklusive der Möglichkeit die Öffnungsraten festzustellen, ein sehr gutes Preis-Leistungsverhältnis dieser Werbe- und Kommunikationsform ergibt. Dabei unterscheidet man Digital-Mailings nach der Intention das Mailings in drei unterschiedlichen Grundkategorien: Zwischen Stand-Alone, Newsletter, Trigger-Mailing kann je nach Werbeziel eine Variante gewählt werden, die dann entsprechend den Optimierungsregeln für digitale Mailings (beispielsweise Versandzeitpunkt, Betreffzeile, Darstellung auf mobilen Endgeräten/Responsive-Design etc.) vorgenommen werden.

Um die möglichen Potenziale bei Kommunikation und Vertrieb über den Kanal der Website damit über Varianten der Online-Werbung und des Online-Vertriebs trainieren zu können, lohnt sich der Einsatz interner und externer Spezialisten. Das Medienhaus Mittelbayerische hat hierfür intern einige Digitalspezialisten mit großer Expertise und bezieht dennoch für die Entwicklung neuer Formate und für das Erreichen einer dynamischen Lernkurve auch externe Experten mit ein, um zusätzlich externes Know-how in den Verlag zu transferieren. So findet beispielsweise bei einer typischen Vertriebswerbeaktion für ein „Weihnachts-Abo" eine umfassende Analyse der Daten mithilfe von Google-Analytics und eigenen Tools statt. Das Abo-Angebot in diesem Beispielfall war der einmonatige Bezug der Zeitung in Verbindung mit zwei Eintrittskarten für den Weihnachtsmarkt. In der Analyse wurde festgestellt, auf welchen Wegen die Zielgruppe am besten adressiert werden konnte und welche Wege die größte Wandlungsquote verzeichnen konnten. Mit derartigen Analysen kann man sehr schnell feststellen, wo Optimierungsbedarf liegt (beispielsweise auf der Ebene der Landingpage, die nicht die normale Abonnement-Bestellseite sein sollte) und welche typischen Online-Werbeformate die beste Response-Quote bringen. Diese Erfolgsanalyse unterschiedlicher Kommunikations-Marketing-kanäle auf der ersten Ebene (bis zur Wandlung in ein Probeabonnement) muss mittel- bis langfristig durch eine Komplettanalyse der zweiten Ebene, d. h. die anschließende Wandlungsquote in ein Vollabo und die damit verbundene Haltedauer, überführt werden.

Bei den Social Media Kanälen nutzt das Mittelbayerische Medienhaus nicht nur den fast schon traditionellen Kanal Facebook, der seit einigen Jahren überwiegend Zeitungsuser, d. h. aber auch Ältere anspricht, sondern ist darüber hinaus auf Twitter, YouTube und Instagram aktiv. Beim Werbekanal Facebook bietet sich die Nutzung gesponserter Werbeanzeigen in Verbindung mit einem Targeting-Mechanismus an, der sich als Behavioral-Targeting anhand des Nutzungsverhaltens einzelner potenzieller Kunden steuern lässt. Um nicht ausschließlich inhaltsbezogen die Zielgruppen im Rahmen des Targetings auszuwählen und damit einen Streuverlust durch die Adressierung von Menschen außerhalb des eigenen Verbreitungsgebietes zu riskieren, kann bei Facebook zusätzlich das Geotargeting gewinnbringend eingesetzt werden. Der Vorteil für das Medienhaus ist an dieser Stelle die relativ große Transparenz und damit die Sicherheit und Kontrolle über das komplette Maßnahmenbündel.

Bei der Nutzung von GoogleAdsense geht es vor allem um das sogenannte Retargeting. Mit den Maßnahmen des Retargetings werden Nutzer markiert, die sich bereits für eines der Produkte interessiert haben, jedoch nicht zum Kauf oder zum Bezug eines Abonnements gelangt sind. Dies kann unterschiedliche Gründe haben, dennoch lohnt es sich, diese Zielgruppe noch einmal gesondert zu adressieren und gezielt mit Werbung zu versorgen, da sie bereits schon ein Grundinteresse an den Angeboten des Medienhauses gezeigt haben. Mit den klassischen KPIs des Geotargetings (Click-through-Ratio: CTR, und Conversion) lässt sich eine einfache und gezielte Steuerung vornehmen.

Da die jüngeren Zielgruppen der regionalen Medienhäuser nicht nur digital affin sind, sondern wie ein Großteil der Generation überwiegend über mobile Devices erreicht werden kann, kommt dem Mobile-Marketing auch für regionale Medienhäuser eine größere Bedeutung zu. Wenn es darum geht, Produkte und Produktformen zu bewerben, die am Ende ohnehin vorwiegend über mobile Endgeräte genutzt werden, führt in letzter Konsequenz an einer mobilen Marketingkampagne kein Weg vorbei. So hat das Medienhaus der Mittelbayerischen ihre ePaper App erfolgreich mit einer Geotargeting-Kampagne beworben. Mithilfe unterschiedlicher Digitaldienstleister und spezialisierter Mediaplanungsagenturen lässt sich eine Kampagne auf Basis eines regionalen Targeting-Ansatzes erfolgreich durchführen. Auch wenn mitunter die direkten Wandlungsquoten (beispielsweise Abonnementabschlüsse in der App selbst) nicht immer den ersten Planungen entsprechen, lässt sich in einer Gesamtauswertung der Responsequoten im jeweiligen Zeitraum bei mobilen Kampagnen mit begrenztem Zeitraum und hohem Werbedruck der Erfolg nachweisen.

Der Abo-Shop auf der verlagseigenen Website ist in den vergangenen Jahren bei den meisten Medienhäusern vom Zusatzkanal zur zentralen Vertriebsplattform weiterentwickelt worden. Hier entscheidet es sich, ob die Bundlings und Angebotsformen, die auch unter dem Gesichtspunkt der Preisoptimierung gestaltet werden, am Ende von den Kunden und potenziellen Kunden verstanden werden. Bei der Gestaltung des Aboshops spielt daher die Usability eine entscheidende Rolle. Bei der Mittelbayerischen haben sich folgende Erfolgsfaktoren herauskristallisiert: das Abo- und Serviceportal ist eigenständig aufgebaut und kein reines Anhängsel an eines der redaktionell dominierten Online-Produkte. Gerade der Bestellprozess mit wenigen Klicks muss verständlich und nutzerfreundlich ausgestaltet werden. Hier empfiehlt es sich eine Usability-Analyse durchzuführen, wenn unklar ist warum Nutzer bei ihrer Customer-Journey am Ende nicht bestellen, sondern den Bestellvorgang unvollständig lassen oder abbrechen. Mithilfe von Thinking-Aloud-Befragungen und einer Click Stream-basierten Logfile-Analyse lassen sich bestehende Hindernisse sehr gut nachweisen und abstellen. Für möglichst hohe Abschlussraten ist eine klare Kommunikation der Vorteile auf dem Portal erforderlich. Man muss darauf achten, dass ein ausgewogenes Verhältnis an Vorteilen für Neukunden und bestehenden Abonnenten vorhanden ist. Dabei hat der Abo-Shop als zentrale Plattform auch die Aufgabe alle digitalen Produkte aufzuführen und damit die Vielfalt zu dokumentieren.

Bei den konkreten Digitalmarketingmaßnahmen hat die Mittelbayerische 12 Learnings verzeichnet:

1. *Das Angebot*
   Die Umstellung der Abonnements auf Negativoption in Verbindung mit einem günstigen Preis hat bei sehr vielen digitalen Produkten höhere Wandlungsquoten gebracht. Die ePaper-Zugänge konnten um 30 % gesteigert werden, der Nachbearbeitungsprozess wurde verschlankt und die Wandlungsquote bei ePaper-Ergänzungen und bei ePaper-only waren ebenfalls signifikant besser.

2. *Verkaufskanal*
   Bei ePaper-Bestellungen hat sich E-Mail als Hauptkanal etabliert. Mit optimierten Landingpages und Variationen beim Versand-Zeitpunkt (Sonntagmorgen oder an einem Wochentagabend etc.) lässt sich der Markt ausschöpfen.

3. *Tracking der User-Journey*
   Wie oben beim Beispiel des Aboshops dargestellt, lassen sich die Absprungraten im Bestellprozess nicht nur analysieren, sondern mit gezielten Maßnahmen verringern. Hier können auch die unterschiedlichen Zugänge der Nutzer (Desktop oder mobil etc.) entsprechend mitanalysiert und berücksichtigt werden.

4. *Up-Selling über Kundenservice*
   Hier werden die Kundenkontakte – beispielsweise bei eingehenden Anrufen bei einer Zustellreklamation – dazu benutzt, Angebote wie das ePaper aktiv anzubieten.

5. *Up-Selling über Outbound*
   Bei den Outboundkontakten lassen sich bei Upgrade-Verkäufen von ePaper und dem Verkauf von Schulungen (beispielsweise Tabletkursen) beim Medienhaus Mittelbayerische Erfolge verzeichnen.

6. *Schaffen von USP*
   Um für das ePaper einen echten USP zu schaffen, können exklusive Rechte definiert werden. Das Medienhaus der Mittelbayerischen Zeitung hat hier mit unterschiedlichen Abonnementformen für

eine Sonntagszeitung experimentiert, die als digitale Sonntags-zeitung exklusiv den ePaper-Abonnenten zur Verfügung steht, sowie gute Erfolge mit der Vorabendausgabe verzeichnet.

7. *Preiserhöhung*
Durch gezielte Preisstrategien, die gegebenenfalls unter Zuhilfe-nahme von Beratern der Marktforschung abgesichert werden, lässt sich der Gesamtumsatz optimieren, die Neukundenkrise wird bei höheren Preisen generell erschwert, aber einige regionale Medien-häuser – wie auch die Mittelbayerische – haben hier in der Summe gute Erfahrungen gemacht, da das Bottleneck nicht in allen Fällen der Preis ist.

8. *Urlaubs-ePaper*
Für Verlage kann es hilfreich sein, statt einer Urlaubsunterbrechung oder eine Nachsendung des gedruckten Exemplars ein spezielles ePaper-Angebot während der Urlaubszeit vorzuhalten. Hier ent-steht aufgrund der Nutzungserfahrung ein Potenzial für die Nach-bearbeitung der ePaper-Abos.

9. *Schulungsangebote für Senioren*
Beim Medienhaus der Mittelbayerischen haben sich Schulungen als eigenes Geschäftsfeld etabliert. Ein stark nachgefragtes Produkt sind die Tablet-Kurse für Einsteiger.

10. *Medienbruch bei digitalen Produkten*
Um bei der Nutzung klassischer Offline-Medien als Werbeträger einen einfachen Zugang zum Kunden und eine einfache Bestell-möglichkeit sicherzustellen, kommt der sinnvollen Integration eines Call-to-Action-Elements eine entscheidende Bedeutung zu. Offline-Varianten wie Bestellkarten funktionieren hier nicht. Statt-dessen müssen auch bei Offline-Medien als Werbeträger auf dem Werbemittel Verweise auf den digitalen Informations- und Ver-triebs-Kanal z. B. über die URL oder QR-Codes erfolgen.

11. *Redaktionelle Werbung*
Die Mittelbayerische Zeitung hat mit Testimonials von ePaper-Nutzern aus der Region sowie der redaktionellen Schilderung des Redaktionskonzepts und des Nutzens des ePapers, d. h. einer glaub-würdigen inhaltsbezogenen Kommunikation der Produktvorteile gute Erfahrungen gemacht.

12. *Abbildung der Kundenkommunikation im Rahmen des Kundendaten-managements*
Die Schaffung von Datentransparenz ist ein wesentlicher Erfolgsfaktor, um Optimierungs- und Steuerungsansätze für die Vertriebskommunikation entwickeln und umsetzen zu können. Es geht dabei um die Abbildung der Kundenhistorie vom Erstkontakt bis zur Kündigernachbearbeitung, die eine neue Transparenz und eigene Automatisierungsmöglichkeiten schafft. Hier ist in der weiteren Entwicklung eine Steigerung des Automatisierungsgrads durch Predictive Marketing und KI-Verfahren des automatisierten Kundendialogs durch Chatbots vorstellbar.

In der nahen Zukunft werden jedoch die leicht umsetzbaren Kombinationen und Zusatzanreize umgesetzt, die als „low hanging fruits" zu raschen Erfolgen führen. Das sind dann beispielsweise ePaper-Vermarktung im Kontext der Leserreise, kostenlose ePaper-Angebote als Bindungsinstrumente für Unternehmen und weitere Bundlings mit Prämienzugaben, Tablets etc.

Wenn man ausgehend von den aktuell erfolgreichen Konzepten der Kundenansprache die Kundenbindung optimieren möchte, um eine werthaltige Kundenbeziehung zu etablieren und weiterzuentwickeln, kommt es auf das Management der Kundendaten und die richtigen Zielsetzungen an. Dies ist wiederum notwendig, um auch mittel- und langfristig wirtschaftlich erfolgreiche Newsprodukte vermarkten zu können.

6

Kundenmanagement in der Medienbranche und crossmediale Optimierung der Abonnementstruktur

Thomas Breyer-Mayländer

Zusammenfassung Für eine erfolgreiche Marktbearbeitung ist die Strukturierung und Segmentierung der Kunden von großer Bedeutung. Das Management der Kundendaten stärkt die Möglichkeiten Produkte zu entwickeln, die sich am Kundennutzen orientieren. Diese Produkte können als Einzelprodukt oder Produktbundle zu zielgruppengerechten Angeboten kombiniert werden.

6.1 Die traditionelle Segmentierung von Kunden in der Medienbranche

Wenn man sich mit dem Themenfeld des Kundenmanagement in der Medienbranche befasst und insbesondere die regionalen Medienunternehmen analysiert, dann fällt zunächst die traditionell sehr starke Unterteilung der Kundenbeziehungen nach Fachabteilungen und

T. Breyer-Mayländer (✉)
Hochschule Offenburg, Offenburg, Deutschland
E-Mail: breyer-maylaender@hs-offenburg.de

© Springer Fachmedien Wiesbaden GmbH, ein Teil von Springer Nature 2019
T. Breyer-Mayländer und M. Keil (Hrsg.), *Kundengewinnung und Kundenbindung bei Presseabonnements*, https://doi.org/10.1007/978-3-658-26050-7_6

damit – wenn man es auf der Ebene der Organisationswissenschaft betrachtet – letztlich nach der sogenannten Verrichtung auf. Im typischen lokalen oder regionalen Zeitungsverlag wurden Kunden danach aufgeteilt, ob sie dem Vertrieb, dem Anzeigenbereich oder gar der Redaktion zugeordnet werden. Im Vertrieb wurde diese Unterteilung dann noch zwischen Einzelverkauf und Abonnement vorgenommen, wobei beim Einzelverkauf letztlich nur Kundenbeziehungen zum Zwischenhandel und Bahnhofsbuchhandel direkt beim Verlag hinterlegt waren und die über die Grossisten adressierten Einzelhändler bereits bei vielen Verlagen nicht mehr im Mittelpunkt des Interesses standen.

Eine weitere Unterteilung der Kundengruppen orientierte sich an Produktgruppen und damit häufig eng verbunden auch an Unternehmensgrenzen, wenn beispielsweise Anzeigenblätter oder der lokale Hörfunk in eigenen Gesellschaften organisiert waren. Die Wechselwirkung zwischen der Kundenrolle blieb dabei meist unberücksichtigt. Was auf der Ebene der Werbekunden bereits auf den ersten Blick als problematisch auffällt, ist bei einer derartigen Unterteilung, die sich dann auch beispielsweise in einem getrennten Außendienst widerspiegelt, dass eine ganzheitliche Beratung des Kunden und eine Problemlösung aus Kundensicht durch eine derartige Betrachtungsweise und die damit verbundenen Strukturen und Prozesse eher erschwert wird. Aber auch beim „normalen" Endverbraucher kann eine derartige Unterteilung nachteilig sein, da man Wechselwirkungen beispielsweise in der Nutzung von Produkten zwischen Anzeigenblatt, gedruckter Zeitung und digitalen Angeboten mit einer solchen Sichtweise nicht berücksichtigt und im Regelfall auch bei der Konzeption und Weiterentwicklung der Produkte keine ganzheitliche Kundenbetrachtung stattfindet.

6.2 ERP-Systeme und CRM unterstützen neue Strukturen und Prozesse

Die in den neunziger Jahren forcierte Einführung von branchenspezifischen ERP-Systemen und die damit verbundene Etablierung des IT-gestützten Customer Relationship Managements (CRM) haben dazu geführt, dass die technische Basis vorhanden war, um eine neue Sicht auf die Kunden zu ermöglichen. In den Presseverlagen und Medienunternehmen wird seither stärker zwischen Privat- und Geschäftskunden differenziert, unabhängig davon, welche der Fachabteilungen des Unternehmens oder welche Produktgruppen des Unternehmens aktuell in Anspruch genommen werden. Die auch in anderen Branchen übliche Unterteilung zwischen B2B (Business-to-Business) und B2C (Business-to-Consumer) ermöglicht allein auf der Ebene der Beschreibung von Zielgruppen schon eine Differenzierung, die in der Praxis sehr hilfreich sein kann. Während bei Privatkunden (B2C) eine Typologie nach soziodemografischen Daten und damit Beschreibungen wie Sinus-Milieus oder Personas hilfreich sein können, um die Diskussion im Unternehmen in die richtige Richtung zu lenken und zielgruppenspezifische Angebote auf- und auszubauen, ist bei den B2B-Kunden deren Verankerung im Gesamtunternehmen oder der Gesamtorganisation und damit vor allem die Komplexität des Buying-Centers (Entscheider versus Fachabteilung) für ein erfolgreiches Marketing maßgebend.

Für den langfristigen Erfolg eines Medienunternehmens geht es darum, nicht nur Neukunden zu generieren, sondern gezielt den Kontakt zu den Bestandskunden zu halten, auszubauen und gegebenenfalls zu optimieren. In Bezug auf das Abonnement-Marketing möchte man primär möglichst haltbare, d. h. langfristige Abonnementbeziehungen schaffen. Das heißt, es ist im Sinne der Vermarktung das Ziel, den Customer-Lifetime-Value (CLV) optimal auszuschöpfen. Dabei geht es um den Wertbeitrag, den ein Abonnementkunde für das Unternehmen leisten kann, der daher nach dem aktuellen Kundenwert (Kundendeckungsbeitrag) und dem künftigen Kundenwert (Kundenpotenzial) zu differenzieren ist (Henning und Simon, S. 306). Dies bedeutet jedoch, dass man aus Sicht des Kunden eine permanente persönliche Ansprechbarkeit garantieren muss und stets den Kontext und die Kundenhistorie parat hat, um jederzeit mit Produkten und Angeboten einen wertvollen Beitrag für den Kunden leisten zu können. Dies ist letztlich nur durch klar strukturierte Prozesse und eine datenbankgestützte Kundenbetreuung möglich. Die Kerndatensätze (vgl. Breyer-Mayländer 2014, S. 471) wie Stammdaten, Potenzialdaten, Aktionsdaten und Reaktionsdaten müssen in einer strukturierten und aktuell gepflegten Version vorliegen. Dann ist auf dieser Basis sowohl ein analytisches als auch ein operatives CRM möglich.

Das analytische CRM analysiert die Kundenkontakte und Kunden-
reaktionen, die beispielsweise bei Probeabonnements oder Abbestell-
gründen ermittelt werden und Reaktionsmuster auf unterschiedliche
Inhalte und Formen von Abonnement-Werbeaktionen. Mithilfe eines
Data-Warehouse-Systems lassen sich auf Basis der Vergangenheitsdaten
neue Aktionen zielorientiert planen und bei komplexeren Modellierun-
gen auch die Erfolgschancen bei einzelnen Abonnementclustern, d. h.
Kundengruppen und Einzelkunden mit einer gewissen Trefferwahr-
scheinlichkeit vorhersagen. Dies führt vor allem beim sogenannten
eCRM, d. h. der automatisierten komplett digitalen CRM-Steue-
rungskette, zu den Möglichkeiten des Predictive-Marketings. Das
operative CRM befasst sich mit der Abwicklung des alltäglichen
Kundenkontakts und liefert damit die Grundlage für das Inbound-Tele-
marketing, bei dem Anrufe von außen entgegen genommen werden,
was im Bereich der Abonnements häufig auch noch mit einer starken
Servicekomponente verbunden ist. Operatives CRM ist ebenfalls ein
Bestandteil des Outbound-Telemarketings mit dem – eine bestehende
Geschäftsverbindung oder die Einverständniserklärung der Kunden
vorausgesetzt – aktiv auf Testkunden und aktive oder passive bestehende
Kunden zugegangen werden kann. Beim datenbankgestützten Mar-
keting im Abonnementsektor geht es dabei auf der operativen Ebene
immer wieder neben der Neukundenakquise und dem Abschätzen von
Potenzialen und Zugangswegen für neue Abonnenten um die zwei
Kernthemen der haltbarkeitsverlängernden Maßnahmen sowie der
Kundenbindung und letzteres auch im Sinne des rechtzeitigen Ein-
greifens nach der Kündigerprognose (vgl. Henning et al. 2005, S. 77).

6.3 Kunden, Zielgruppen und die Umkehrung des Blickwinkels „inside-out"

Die Möglichkeit für regionale Medienunternehmen, ihren Kunden
sehr spezifische Print- und Digital-Angebote zu unterbreiten, hat dazu
geführt, dass der Zielgruppenorientierung im Rahmen des Abonnementmarketings eine noch größere Bedeutung zukommt. Dabei kommt

es auf den grundsätzlichen Blickwinkel an. Traditionell haben Presseverlage, insbesondere Zeitungsverlage, davon profitiert, dass sie im Wesentlichen ein Einproduktunternehmen gestaltet waren und sich dabei daran orientiert hatten, wie sie gegebenenfalls ihre eigene Kompetenz, d. h. die redaktionellen Kernprodukte mit einem Fokus auf Politik und Lokalpolitik sowie die Verbindung zu Firmenkunden der Region in unterschiedliche Produktvarianten einbringen können.

Die in den letzten Jahren verstärkt genutzte Sichtweise kehrt sich jetzt von diesem „inside-out"- Blickwinkel ab und verfolgt stattdessen die Perspektive des „outside-in". Es geht somit nicht mehr nur darum, wie man ein redaktionelles Rohprodukt mit unterschiedlichen Technologien in gedruckte Produkte, PDF-Varianten, Websites oder Apps gießen kann, sondern dominierend sind die folgenden Fragestellungen: Um welche Kernzielgruppe handelt es sich, die wir mit dem jeweiligen Produkt ansprechen möchten? Für welche Lebenslage oder Situation möchte ich mit meinem Produkt einen Nutzen stiften? Wie muss das Produkt, das diesen Nutzen erbringen soll, gestaltet werden?

Diese Vorgehensweise ist insbesondere für Tageszeitungsverlage keineswegs selbstverständlich, da man jahrelang ein Produkt betrieben hatte, das auch schon aus der publizistischen Definition heraus durch die „Universalität" geprägt war und damit alle Themen, alle Lebensbereiche und damit alles, was den Schwerpunkt im Bereich Informationen und in der Nebenfunktion auch Unterhaltendes abgedeckt hatte. Die Zielgruppe, die man dabei vor Augen hatte, war allenfalls regional oder lokal segmentiert und ging über alle Altersklassen hinweg von 0–99 Jahren. Dass im heutigen Marktumfeld, in dem es sehr viele spezifische Produkte gibt, die sich ganz klar am Kundennutzen orientieren, eine eher undifferenzierte Produktkonzeption Schwierigkeiten verursacht, ist nachvollziehbar. Entsprechend mussten die Verlage sich auch von der „großen Samstagabendshow" verabschieden und müssen nun akzeptieren, dass das gedruckte Produkt inzwischen in weiten Teilen zu einem Zielgruppenprodukt geworden ist. Die neuen Produktvarianten und digitalen Produktideen müssen entsprechend klar auf Zielgruppen ausgerichtet sein. Hier hilft eine detaillierte Analyse und Begleitung der Zielgruppen im Rahmen von Marketing- und Akquiseaktionen, aber auch auf der Ebene der Produktnutzung, wenn beispielsweise bei den digitalen Produkten die Nutzung einzelner redaktioneller Beiträge, inhaltlicher Rubriken etc. nach Kundenclustern ausgewertet wird, um ein vertieftes Verständnis von den Kundengruppen und den Einzelkunden zu erhalten. Gerade die Auswertung und Analyse der Nutzungsdaten als Basis für den Start in einen redaktionellen Controlling- und Optimierungsprozess gilt international bei den besonders erfolgreichen Zeitungsverlagen und Medienhäusern als zentraler Erfolgsfaktor (vgl. Østring 2018, S. 11).

6.4   Crossmediale Optimierung der Abonnementstruktur im Verlag

Wenn man die Abo-Shops der einzelnen regionalen Medienunternehmen genauer analysiert, dann erhält man einen Eindruck über die Vielfalt der Angebote, die derzeit den Kunden von den Verlagen unterbreitet werden. Dabei kommen nicht nur unterschiedliche Methoden des Paid-Content zum Einsatz, wie sie in Abschn. 1.1 bereits vorgestellt und diskutiert wurden, sondern es gibt auch eine Vielzahl an Vermarktungsvarianten, mit denen unterschiedliche Digital- und Print-Produkte den Kunden angeboten werden. In der Ausgabe der Fachzeitschrift DNV (Der neue Vertrieb), die in der Phase des Zeitungskongresses 2018 publiziert wurde, wurde beispielsweise in einer Analyse darauf hingewiesen, dass 84 % aller Zeitungsverlage Bundle-Angebote mit Endgeräten in ihren Abo-Shops anbieten (vgl. Rakel 2018, S. 50), diesem Segment jedoch keine größere Bedeutung mehr zumessen, da es eher kurzfristige Peaks bei neuen Generationen von Endgeräten auslöst. Der Ansatz der Subventionierung von elektronischem Equipment im Kontext eines größeren Bundlings kann gerade im Hinblick auf steigende Kosten im physischen Zeitungsvertrieb mit den Problemen der Personalakquise und Zustellqualität auch bereits als strategisches Element zur Beeinflussung der gewünschten Abonnementstruktur genutzt werden.

Aus Sicht des Medienunternehmens ist es wichtig zu entscheiden, welche Abonnementstruktur künftig im Verlag vorherrschen soll. Diese

Aufgabe stellte sich bereits bei reinen Online-Varianten der Zeitungs-branche, als es noch nicht darum ging, komplexere Produktvarianten miteinander zu kombinieren. „Weiterhin ist in dieser Arbeit deutlich geworden, dass es eine Vielzahl von Erlösquellen gibt, die für Online-Zeitungen relevant sein können. Diese Erlösquellen sind zum Teil inter-dependent. Deshalb können Verlage, die Nutzungspreise für die Inhalte von Online-Zeitungen einführen, die Erlöse aus Nutzungspreisen nicht isoliert betrachten." (Schulze 2005, S. 209).

Dabei muss der Kostendeckungsgrad berücksichtigt werden, der den einzelnen Produktvarianten zugrunde liegt. Dieser verändert sich im Zeitablauf, da beispielsweise bei vielen Zeitungsverlagen durch sinkende Anzeigenerlöse im Printsektor und den Rückgang der Auflagen die Rentabilität des gedruckten Produkts in den nächsten Jahren gefährdet ist. So tritt vielerorts die Situation ein, dass die jährlichen Preis-erhöhungen nicht mehr ausreichen oder ausreichen werden, um den Rückgang der Auflage zu kompensieren und damit allein die Säule der Vertriebserlöse stabil zu halten. Preisverfall und Reichweitenrückgang führen zu reduzierten Werbeumsätzen, sodass bei einigen Zeitungs-verlagen die Rentabilität des gedruckten Produkts für sich infrage steht. Die im Vertrieb sehr viel günstigeren digitalen Produktvarianten hingegen leiden nach wie vor unter der Problematik, dass sie in der Monetarisierung beispielsweise bei den unterschiedlichen Abonnement-modellen, aber auch bei den Werbeerlösen nur dann positive Deckungs-beiträge für das Gesamtunternehmen ermöglichen, wenn ein Großteil der redaktionellen Leistung bereits durch den Kostenträger Print-Pro-dukt abgedeckt ist.

Die Optimierung der Abonnementstruktur aus Sicht des Unter-nehmens kann nun die unterschiedlichen Kostenstrukturen und Erlös-situation genauso berücksichtigen wie mittel- und langfristige Ziele der Image-Entwicklung eines Medienunternehmens und der dort geführten und weiterentwickelten redaktionellen Marken. Absehbar ist in vielen Verlagen eine Abkehr der flächendeckenden Distribution in Landgebieten, die nur noch unter einem sehr hohen Kostendruck mit täglichen Lieferungen versorgt werden können. Überall dort, wo eine logistische Kombination mit anderen Sendungsvarianten nicht mög-lich ist und das eigene Sendungsaufkommen zu gering erscheint, wird man andere Produktvarianten stärker im Markt positionieren müssen, um beispielsweise klassische Printleser mit einer PDF Version und einer entsprechenden Hardwareausstattung zu versorgen. Im Sinne der Zukunftssicherung ist es Aufgabe des analytischen CRMs die Daten für eine Strategieentwicklung zu liefern, bei der deutlich wird, mit welchen Produktvarianten junge Zielgruppen am besten angesprochen werden können und wie intensiv die Nutzung durch diese Zielgruppen tatsächlich erfolgt. Erst dann, wenn ich als Entscheider einen Überblick habe, welche Apps beispielsweise in der Zielgruppe der 35 bis 50-jährigen eine intensivere Nutzung erfahren, kann ich mittelfristig diese Produkte als Alternative zu den aus unterschiedlichen Blickwinkeln immer problematischeren gedruckten Produktvarianten positionieren.

Detailzielgruppen-Abonnements für einzelne Personengruppen (Senioren, Azubis, Studierende, Arbeitslose etc.) sind Beispiele für die Kreativität der Verlage, aktuell die bestehende Segmentierung in konkreten Preismodellen oder auch inhaltlichen Angeboten umzusetzen, wobei gerade das Studierendenabo heute kaum mehr eine größere Bedeutung besitzt (vgl. Rakel 2018, S. 49). Stattdessen werden Kombinationen aus Digitalabonnements und auf wenige Wochentage beschränkte Printabos (beispielsweise eine Print-Wochenendkombi bestehend aus den Freitag- bis zum Teil Sonntagsausgaben) getestet, um spezielle Ansprüche von Clustern, wie den beruflich mobilen Zielgruppen besser abzudecken. Diese Entwicklungsrichtung wird sich künftig weiter fortsetzen, da die oben geschilderte Abkehr vom Universalprodukt nicht nur verschiedene inhaltliche Ressourcen im Hinblick auf den unterschiedlichen geforderten Nutzen zur Folge haben wird, sondern auch eine Differenzierung in der Preispolitik erfordert. Die Medienbranche ist bei der Individualisierung der Preisgestaltung im Abonnementsektor noch eher zurückhaltend, was dadurch erklärt werden kann, dass die Branche traditionell durch wettbewerbsrechtlich dominierte Festlegungen wie die BDZV-Vertriebsrichtlinie (vgl. BDZV 2012) geprägt ist. Dabei ist eine generelle Preisdifferenzierungsstrategie für Verlage ratsam, da bei der Bildung von Bundles aus Print- und Digitalangeboten (mit oder ohne Hardware) die personalisierten Preise als höchste Form der Differenzierung (vgl. Deisel und Bauer 2018) nicht automatisch an formalen Vorgaben wie der Preisbindung scheitern müssen.

Entwicklungen in der digitalen Welt, wie das dynamic pricing (vgl. Christ 2011), bei dem je nach IP-Merkmalen des Absenders z. B. Betriebssystem, Ort etc. sowie nach Tag und Uhrzeit unterschiedliche Preise für identische Leistungen (z. B. ein Flug) berechnet werden, sind ein Indiz für künftige Gestaltungsmöglichkeiten. Da es sich dabei nicht nur um komplementäre Angebote handelt und damit auch der immer wieder als pauschales Gegenargument zitierte „Kannibalismus" zwischen unterschiedlichen Produktformen und Produktkategorien feststellbar ist, muss die Angebotsentwicklung und die damit verbundene Ausgestaltung des Marketings für unterschiedliche Zielgruppenprodukte aufeinander abgestimmt werden, damit am Ende des Tages ein sinnvolles konsolidiertes Gesamtergebnis des Abonnementmarketings im Medienunternehmen gewährleistet ist. Spätestens seit den großen Erfolgen von Konzernen wie Schibstedt, die beispielsweise bei der Diskussion über kostenlose Zeitungen auch im deutschen Markt bekannt wurden, sind die Innovationen norwegischer Zeitungsverlage im Fokus des Interesses im europäischen Ausland. Mit Amedia gibt es einen weiteren auf Zeitungen und damit verbundene Angebote konzentrierten Anbieter, der erfolgreich im Markt aktiv ist. Bei der Vermarktung der Digitalabos fokussiert sich das Haus auf sechs Erfolgsfaktoren (Bomsdorf 2018, S. 4 f.):

1. Fokus auf Bezahlinhalte (Ende der früher propagierten Gratiskultur)
2. Registrierung von Lesern, d. h. auch Probeabos laufen über die zentrale Login-Plattform
3. Auswertung der Leserdaten zur Optimierung der Inhalte
4. Fokus auf mehr redaktionelle Qualität wie Reportagen und Kommentare
5. Tiefe Preise für reine Digitalabos und werblich relevante Darstellung (1 Kr./Woche = 10 Cent)
6. Verkaufen durch Social Media inklusive Retargeting

Für den Erfolg des Kundenmanagements ist jedoch nicht nur eine Optimierung der elektronischen Systeme erforderlich, sondern die organisatorischen und inhaltlichen Voraussetzungen für eine Orientierung am Kundennutzen entscheidend sind. Das bedeutet, beispielsweise hinsichtlich der Organisationsstruktur, dass es sich in vielen Fällen bewährt hat, die Analyse von Kundendaten dezentral bei den jeweiligen Marketing- und Vertriebseinheiten anzusiedeln, statt in marktfernen reinen Dateneinheiten (vgl. Leeuwe et al. 2018, S. 26).

Auch die festgelegten Kennzahlen und Zielsetzungen sind dabei von entscheidender organisatorischer und inhaltlicher Bedeutung. Denn die falschen KPIs führen unweigerlich zu einer Fehlsteuerung. Statt maximaler Auflage, die teilweise mit hoch rabattierten Werbeaktionen und Probeabonnements „erkauft" wird und somit eine eher „morsche Auflage" darstellt, die permanent durch kostspielige Aktionen gestützt werden muss, ist das passende Abonnement und damit nicht nur die Wandlungsquote, sondern die Haltedauer im Rahmen von Retention-Analysen eine entscheidende Größe auf dem Weg zu Kundenzufriedenheit und Kundenbindung. Wer sich am Net-Promoter-Score (Wiederempfehlungsrate) und dem Prozess der Customer-Experience orientiert, ist auf dem richtigen Pfad für nachhaltigen Erfolg. Denn für den langfristigen Erfolg eines Medienunternehmens geht es darum, nicht nur Neukunden zu generieren, sondern gezielt den Kontakt zu den Bestandskunden zu halten, auszubauen und gegebenenfalls zu optimieren. In Bezug auf das Abonnement-Marketing ist die möglichst haltbare, positive und belastbare, d. h. langfristige Abonnementbeziehung das Ziel.

Hier muss dann auch bei der Datenanalyse und Datenmenge ein gesunder Umgang mit Trends und Entwicklungen empfohlen werden. Es ist nicht die Datenmenge, sondern die Auswahl an Daten und KPIs im Sinne von Smart Data, die entscheidend ist. Dabei kommt dem System der Datengenerierung eine besondere Bedeutung zu. Intelligente Kundendatenmanagementsysteme und Kundenbindungsprogramme sind daher notwendige Tools für das Verlagsmanagement. Es geht bei den Kundenbindungssystemen, wie beispielsweise den „intelligenten" Kundenkarten, um die Aufgabe, die entscheidenden Daten zu erfassen und im Sinne der Kundeninteressen Mehrwerte zu bieten, sodass die Sammlung und Preisgabe von Daten auch vom Kunden akzeptiert und gewünscht wird.

Dass hier künftig wesentlich mehr datengetriebene Modelle im Sinne der Vorhersage (predictive marketing) und Steuerung möglich sind, ist unbestritten. Die gegenwärtig bereits möglichen Varianten des Conversational Commerce durch Chat-Bots, die teilweise bereits mit Voice-Systemen gekoppelt werden oder im Rahmen von Messenger-Diensten zum Einsatz kommen, zeigen erst den Anfang der Möglichkeiten auf, wie in den nächsten Jahren Marketing- und Kommunikationsprozesse verändert werden können. Künstliche Intelligenz (KI)/Artificial Intelligence (AI) ist nicht nur bei der Analyse von Bildern (Fotos und Bewegtbilder), sondern auch in der Textanalyse und der automatischen Textgenerierung eine Technologie, die in Verbindung mit Deep Learning/Machine Learning-Verfahren ein großes Potenzial bietet, das auch verstärkt im Kundendialog eingesetzt werden kann. Was heute noch mit herkömmlichen Optimierungsmechanismen auf die Zielgruppen und die Situation des Einzelkunden angepasst wird, kann künftig autonom erfolgen und bedarf vor allem der Steuerung durch qualifizierte Mitarbeitende, die an den Zielsetzungen von Angeboten und Aktionen arbeiten. Erfahrungen, die im Werbesektor bereits mit Programmatic Advertising vorliegen, runden diese Perspektiven ab.

Literatur

BDZV. (Hrsg.). (2012). Kommentierung der Wettbewerbsregeln für den Vertrieb von abonnierbaren Tages- und Wochenzeitungen, Stand September 2012, Berlin.

Breyer-Mayländer, T. (2014). Vertriebsmarketing in Presseverlagen. In T. Breyer-Mayländer et al. (Hrsg.) *Wirtschaftsunternehmen Verlag* (S. 437–472). Frankfurt: Bramann.

Bomsdorf, C. (2018). Mehr Erlöse durch die Leser. *Paid Content: Wie Amedia in Norwegen erfolgreich Digitalabos verkauft, Kress Pro Dossier, 8*(2018), 2–3.

Christ, S. (2011). Operationalizing dynamic pricing models Bayesian demand forecasting and customer choice modeling for low cost carriers, edition research (Dissertation University of Augsburg, 2009), Springer Gabler, Wiesbaden.

Deisel, S., & Bauer, F. (2018). Der richtige Preis für jeden Kunden. *dnv, 12*, 30–32.

7

Trends in der Kundenbindung: Wo geht die Reise hin?

Matthias Keil

Zusammenfassung Die gezielte Ausgestaltung der Kundenbeziehung beinhaltet neben einer gezielten Steuerung des Kundenkontakts auch die kontinuierliche Weiterentwicklung der Maßnahmen zur Kundenbindung. Mithilfe des Managements von Kundendaten können Engagement und Loyalität der Kunden belohnt werden.

Von den Streaming-Plattformen Sky, Spotify und Netflix über Microsoft Office 360 bis hin zu Amazone Prime – immer mehr Branchen haben die Vorteile des Abonnements für sich entdeckt und bauen sogar ihr Geschäftsmodell darauf auf. In dieser Königsdisziplin sind treue Kunden besonders wertvoll, wie viele Entscheider großer Plattformen und Handelsorganisationen wissen und was auch für die Verlagsbranche gilt. So setzen immer mehr Verlage auf Programme zur Kundenbindung. Diese ermöglichen die Erfassung wertvoller Daten. Sie geben

M. Keil (✉)
AVS, Bayreuth, Deutschland
E-Mail: matthias.keil@avs.de

© Springer Fachmedien Wiesbaden GmbH, ein Teil von Springer Nature 2019
T. Breyer-Mayländer und M. Keil (Hrsg.), *Kundengewinnung und Kundenbindung bei Presseabonnements*, https://doi.org/10.1007/978-3-658-26050-7_7

Einblick in das Kundenverhalten, die Motivationen und Präferenzen. Verlage lernen so ihre Kunden besser kennen und das Wissen aus dem CRM-System unterstützt bei Geschäftsentscheidungen.

7.1 Warum Veränderungen erforderlich werden

Traditionell gehören die Leser von Presseerzeugnissen – vor allem im Printbereich – eher einer älteren Generation an. Um bei jüngeren Kunden, speziell denen, die im digitalen Zeitalter (Generation Y und Z) aufgewachsen sind, zu punkten, müssen Geschäftsmodelle und Produkte neu justiert werden. Aber die Medienhäuser der Zukunft sollen sich nicht nur im Kerngeschäft ans digitale Zeitalter anpassen, sondern auch im Management der Beziehung zum Kunden.

Neue Kundengenerationen erwarten auch, aber eben nicht nur Prämien und Rabatte. Sie haben zudem eine andere Vorstellung von der Form der Beziehung zum Unternehmen. Damit verändern sich auch die Kundenbindungsprogramme. Die Herausforderung besteht jetzt darin, vorhandene Programme zum beiderseitigen Vorteil, sowohl der aktuellen als auch der zukünftigen Kundengeneration, anzupassen. Dabei lassen sich folgende Trends bei Kundenbindungsprogrammen erkennen:

7.2 Emotion und Exklusivität – Treiber der Loyalität

Bereits zu sehen ist, dass Kundenbindungsprogramme über das traditionelle Modell des „earn and spend" hinaus neue Wege suchen, um einen Mehrwert für die Kunden zu schaffen. Beispielsweise durch die Möglichkeit, Boni oder Punkte mit einer Spende für einen gemeinnützigen Zweck oder eine Initiative einzulösen. So kann soziale Verantwortung durchaus Teil eines Bonusprogramms sein. Gerade regionale Tageszeitungen verfügen hier über ein breites Spektrum an Themenfeldern, um sich zu engagieren und die gefühlsmäßige Verbindung ihrer

Leser zu lokalen Projekten zu nutzen. Diese Option schafft Nähe und hilft den Verlagen, ihre Marke zu emotionalisieren.

Die britische Boulevardzeitung The Sun hat 2017 ihr Treueprogramm Sun Savers (früher: Sun Perks) neu ausgerichtet. Die Ursprungsidee, Leser durch Rabattgutscheine zu belohnen, hat sich im Markt nicht durchsetzen können. Warum? Weil die Kunden heute nahtlos über unterschiedliche Geräte hinweg mit Rabatten und Gutscheinen bombardiert werden. Leicht zugängliche und für jeden verfügbare Rabatte zahlen immer weniger auf die Kundenbindung ein. Deshalb wurden die Mechanismen von Sun Savers verändert und Elemente von Gamification, Emotion und Exklusivität hinzugefügt. Heute sammeln die Leser täglich über die Zeitung Gutscheincodes (sog. Sun-Codes), die nach vorheriger Anmeldung online oder per App eingegeben werden und am Ende bares Geld wert sind. Kombiniert wird das Programm mit einem Gewinnspiel. Durch Sonderaktionen können die Mitglieder zusätzliche Boni sammeln. Neben der Auszahlung können die Sun-Codes im Rahmen von speziellen Werbeaktionen auch bei einem Partnernetzwerk (z. B. Reiseveranstalter) gegen exklusive Prämien eingelöst werden. Dem Gedanken des treuen und loyalen Kunden folgend, ist das Programm Sun Savers so konzipiert, dass der Nutzen für die, welche das Medium regelmäßigen lesen am größten ist.

7.3 Engagement: Das Verhalten der Kunden belohnen

In transaktionsbasierten Systemen nimmt die Strategie an Bedeutung zu, nicht nur den Kauf, sondern auch das Engagement der Kunden zu belohnen, beispielsweise mit VIP-Tickets oder Backstage-Besuchen. Die gewünschten Aktivitäten, die so gefördert werden können, reichen von der Vervollständigung des Nutzerprofils über die Einzugsermächtigung via SEPA-Lastschriftmandat bis hin zum regelmäßigen Besuch der Website. Auch lässt sich das Modell einsetzen, um Kunden zu ermutigen, über mehrere Kanäle hinweg mit dem Medienhaus zu interagieren. So können Kunden Punkte sammeln, indem sie eine E-Mail öffnen oder auf ihrer sozialen Plattform eine Verbindung herstellen.

Wie das in der Praxis aussehen kann, zeigt das Medienunternehmen Russmedia mit dem Engagement-Programm „Ländlepunkte". Hier werden Mechanismen eines transaktionsbasierten Bonussystems mit verhaltensbasierten Belohnungen kombiniert. Ziel des im Jahre 2018 eingeführten Programms ist es, die Beziehung zwischen werbefinanziertem Newsportal VOL.AT (Vorarlberg Online) und User auszubauen. Das Prinzip ist einfach: Leser, die auf VOL.AT bzw. der dazugehörigen mobilen Applikation Artikel lesen, Videos und Bilder ansehen oder kommentieren werden mit Ländlepunkten belohnt. Ergänzend gibt es sogenannte „Challenges", beispielsweise ein Quiz, bei dem der User sein Wissen über die Stadt Bregenz unter Beweis stellen muss. Die Ländlepunkte werden gesammelt und können gegen attraktive Preise wie Tickets für Sportevents, Musicals und andere Prämien eingelöst werden. Wiederzufinden sind auch Elemente, die einem aus der Spielwelt bekannt vorkommen. So kann der User verschiedene Level in Abhängigkeit des Punktestandes erreichen (vgl. Abb. 7.1).

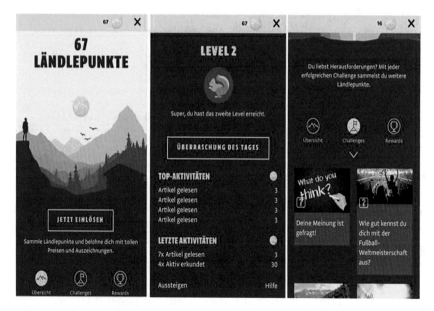

Abb. 7.1 Ländlepunkte als Beispiel für ein Treueprogramm. (Quelle: VOL.AT)

Das Treueprogramm belohnt Mitglieder, die nicht nur Geld für die Marke ausgeben, sondern auch Inhalte in sozialen Medien teilen, diese Freunden empfehlen und E-Mails des Absenders lesen. Diese Aktivitäten sorgen dafür, dass die Mitglieder über die Marke informiert werden, und tragen dazu bei, die Markenvorteile einem breiteren Publikum bekannt zu machen, indem sie Mitglieder zu Markenvertretern machen. Die in dem Zusammenhang erfassten Daten können auch für zukünftige Marketingaktivitäten genutzt werden.

7.4 Touch-Points managen, neue Technologien nutzen

Die gleichzeitige Nutzung von zwei oder mehreren Kanälen, wie beispielsweise die Verwendung digitaler Endgeräte (Smartphone oder Tablet) während des Lesens von Zeitschriften oder Zeitungen ist kein Zukunftsszenario mehr. Beim Einkaufen ist Omnichannel die neue Realität. Kunden erwarten, eine kanalübergreifende Kommunikation, die nahtlos über alle Kundenkontaktpunkte (Service Center, mobile Applikationen, Online-Shops und Portalseiten etc.) hinweg funktioniert. Letztendlich führt auch die Omnichannel-Datenerfassung zu einer ganzheitlichen Sicht auf den Kunden. Erst dadurch können Verlage personalisierte Empfehlungen geben, relevante Werbeaktionen durchführen sowie Produkte und Dienstleistungen anbieten, die dem Kunden Individualität und Wertschätzung signalisieren.

Last but not least verändert auch der technische Fortschritt die Möglichkeiten im Bereich der Kundenbindung. Was für frühere Generationen das Rabattmarkenheft war, ist heute die Plastikkarte. In jüngster Zeit schaffen Smartphones zunehmend neue Möglichkeiten. Gezielte Angebote zu einem bestimmten Zeitpunkt an einem speziellen Ort werden möglich. Erste Unternehmen experimentieren bereits mit Blockchain-Kundenbindungsprogrammen. Beispielsweise nutzt American Express die Blockchain-Technologie in einem Pilotprojekt mit dem Online-Großhändler Boxed. Dieser kann statt für den ganzen Einkauf jetzt produktbezogen American-Express-Prämienpunkte vergeben.

8

Freunde der ZEIT – Journalismus, der verbindet

Nils von der Kall und Lennart Schneider

Zusammenfassung Die „Freunde der ZEIT" sind ein Kundenbindungsprogramm, das deshalb erfolgreich wirkt, weil es seinen Schwerpunkt auf die inhaltlichen Qualitäten des Produkts und der Kundenbeziehung richtet.

„Ein Kundenbindungsprogramm, das nicht wie ein Kundebindungsprogramm wirkt"

Ohne Abonnenten wäre eine Zeitung wie die ZEIT nicht möglich. Ihre Treue ist die Basis für den Erfolg der ZEIT Verlagsgruppe: Bei einer verkauften Auflage von 496.000 Exemplaren beziehen 70 % die Zeitung im Abonnement (IVW Q2/2018). Diese Gruppe ist in den letzten 10 Jahren um 16 % gewachsen. Das sichert dem Verlag einerseits die Unabhängigkeit von den volatilen Werbemärkten und ermöglicht andererseits neue

N. von der Kall (✉) · L. Schneider
Zeit-Verlag, Hamburg, Deutschland
E-Mail: Nils.vonderKall@zeit.de

L. Schneider
E-Mail: Lennart.Schneider@zeit.de

© Springer Fachmedien Wiesbaden GmbH, ein Teil von Springer Nature 2019
T. Breyer-Mayländer und M. Keil (Hrsg.), *Kundengewinnung und Kundenbindung bei Presseabonnements*, https://doi.org/10.1007/978-3-658-26050-7_8

Erlösquellen durch Cross- und Upselling. Um diese starke Bindung zwischen Lesern und ihrer Zeitung weiter auszubauen, hat die ZEIT im Oktober 2017 das Abonnentenprogramm „Freunde der ZEIT" eingeführt.

Das Programm ist eine gemeinsame Initiative von Redaktion und Verlag und verfolgt dementsprechend gleichermaßen publizistische wie wirtschaftliche Ziele. Auf der publizistischen Ebene ist es ein Projekt gegen das in Teilen der Bevölkerung zunehmende Misstrauen in die Medien. Es schafft Transparenz für die redaktionelle Arbeit. Die Redaktion lässt Leser an der Entstehung der Zeitung teilhaben und stellt sich ihren kritischen Fragen. Gleichzeitig verändert sich die Rolle des Lesers: Er ist nicht mehr nur passiver Rezipient, sondern kann sich bei Veranstaltungen aktiv einbringen.

Auf der wirtschaftlichen Ebene ist das primäre Ziel des Programms, die Churn Rate zu reduzieren, insbesondere in der kritischen Anfangsphase des Abos. Mit über 400.000 Probeabonnenten pro Jahr richtete sich das Marketing bislang hauptsächlich an Neukunden. Das neue Programm setzt bereits in den ersten vier Wochen des Probeabonnements an, denn in dieser Zeit entscheiden sich die Leser für oder gegen ein Festabo. Schon eine kleine Erhöhung der Wandlungsquote verspricht signifikante Mehreinnahmen.

Abonnentenprogramme, Bonusprogramme und Membership-Modelle sind keine Neuerscheinung im Verlagsgeschäft. Vor allem Regionalzeitungen nutzen sie seit vielen Jahren, um ihren Lesern Vorteile bei den örtlichen Werbekunden einzuräumen. In der internationalen und überregionalen Presse waren unter anderem die New York Times, der Guardian, de Korrespondent und Krautreporter Vorreiter. Die Vielfalt dieser Modelle zeigt, dass Zielgruppen unterschiedliche Bedürfnisse haben und die Programme daher auf die Identität der jeweiligen Marke und Zielgruppe zugeschnitten sind.

Bei der ZEIT wurde das Programm daher im engen Austausch mit den Lesern entwickelt. In kleinen Gruppen wurden sie zu Design-Thinking-Workshops in den Verlag eingeladen – zunächst zum gemeinsamen Brainstorming. Die daraus entstandenen Ideen wurden zu Projektskizzen und Prototypen, die im nächsten Schritt diskutiert, bewertet und immer weiter konkretisiert wurden. Entstanden ist ein Programm, das sehr nah am ideellen Kern der ZEIT und ihrer Zielgruppe liegt. Im Mittelpunkt stehen der Austausch zwischen Lesern und Machern und ein exklusiver Blick hinter die Kulissen.

Dieser Austausch geschieht vor allem bei den über 60 exklusiven Abonnentenveranstaltungen pro Jahr: Jedes Quartal sind Leser zu Unter-Freunden-Abenden in sechs Metropolregionen eingeladen und können dort ihre Zeitung live erleben. Bei öffentlichen ZEIT-Veranstaltungen und Konferenzen erhalten sie Vorteile und kostenlose Tickets. In ZEIT Meisterklassen lernen sie zusammen mit Experten der ZEIT in Workshops neue Fähigkeiten, wie zum Beispiel Newsletter schreiben, Podcasts produzieren und autobiografisches Schreiben. Der Höhepunkt ist der jährliche Tag der ZEIT, bei dem über 2000 Leser bei 11 Programmpunkten mit der Redaktion ins Gespräch kommen.

Ergänzt wird das Live-Programm von zahlreichen digitalen Angeboten. Abonnenten haben Zugriff auf kostenlose E-Books mit gesammelten ZEIT-Artikeln zu verschiedenen Themen. Außerdem können sie in einem wöchentlichen Podcast die Hintergründe zu einer Geschichte aus der aktuellen Zeitung hören. Redakteure berichten darin sehr persönlich, wie sie bei der Recherche vorgegangen sind, warum sie das Thema gereizt hat und auch wo sie an ihre Grenzen gestoßen sind. Neben diesen dauerhaften Angeboten gibt es punktuelle Aktionen wie einen WhatsApp-Tag, an dem die Leser live im Chat verfolgen konnten, wie die Zeitung entsteht. Durch Fotos, Videos, Audios und Texte wurde das Zeitungmachen hautnah erlebbar.

Kommuniziert wird das Programm auf allen verfügbaren Kanälen der ZEIT. Eine zweiwöchentliche Seite in der Zeitung gibt einen Ausblick auf bevorstehende Veranstaltungen und im wöchentlichen Newsletter werden aktuelle Einladungen und Angebote verschickt. Die zentrale Anlaufstelle ist die Website www.freunde.zeit.de mit einem Überblick über das gesamte Programm und der Möglichkeit, sich zu registrieren.

Da das Hauptziel des Programms in der Steigerung der Wandlungsquote und Haltbarkeit besteht, wird der Erfolg auch daran gemessen. Durch systematische und regelmäßige A/B-Tests wurde nachgewiesen, dass die Wandlung bei Neuabonnenten, die über das Programm informiert werden, signifikant höher ist, als bei der Vergleichsgruppe. Neben diesem zentralen Kennwert helfen auch andere KPIs dabei, die

Bekanntheit, Beliebtheit und den Erfolg des Programms zu bemessen. Beispiele dafür sind die Anzahl an Registrierungen, die Teilnehmerzahlen bei Veranstaltungen, die Bekanntheit in Umfragen und das qualitative Feedback vor Ort und per Email.

Dass das Programm von den Abonnenten angenommen wird, war alles andere als selbstverständlich: In den ersten Fokusgruppen äußerten sich viele Leser skeptisch. Entsprechend war es als großes Lob zu verstehen, als ein Leser beim ersten „Tag der ZEIT" resümierte: „Endlich ein Kundenbindungsprogramm, das nicht wie ein Kundenbindungsprogramm aussieht und aus dem Herzen des Blattes kommt."

9

AboCard – Bonusprogramm für Zeitungsverlage

Matthias Keil

Zusammenfassung Die Abocard ist ein etabliertes Kundenbindungsprogramm in der Zeitungsbranche, das auf dem Prinzip einer intelligenten Kundenkarte beruht, die in der Lage ist die Daten der Verkaufshistorie für eine gezielte Potenzialanalyse und Produktgestaltung zu nutzen.

Die digitale Transformation erfordert ein Umdenken. Der Kunde wird immer anspruchsvoller, weil ihm in einem verschärften Wettbewerb immer mehr geboten wird. Wie in vielen Branchen hat sich auch im Markt der Tageszeitungen das Gleichgewicht zur Nachfrageseite hin verschoben. Kunden werden experimentierfreudiger, mobiler und leistungsbewusster. Jährlich steigende Copypreise der Zeitung lassen Wandlungsquoten schmelzen und auch die Neukundengewinnung wird immer schwieriger. Deshalb sind Strategien gefragt, die das Gewinnen und Halten von Kunden unterstützen.

M. Keil (✉)
AVS, Bayreuth, Deutschland
E-Mail: matthias.keil@avs.de

© Springer Fachmedien Wiesbaden GmbH, ein Teil von Springer Nature 2019
T. Breyer-Mayländer und M. Keil (Hrsg.), *Kundengewinnung und Kundenbindung bei Presseabonnements*, https://doi.org/10.1007/978-3-658-26050-7_9

Hier setzt das Kundenbindungsprogramm „AboCard" für Tageszeitungen an. Es wurde mit dem Ziel entwickelt, neue Leser zu gewinnen und die Auflagenzahlen zu stabilisieren. Dabei handelt es sich um ein Bonus- und Mehrwertprogramm mit angeschlossenem CRM-System („intelligente" AboCard). Erst durch diese neue Generation von transaktionsbasierten Loyalitätsprogrammen können Medienhäuser Daten sammeln. Mit ihrer Hilfe lässt sich Loyalität messen und das Kundenbindungsprogramm zielgerichtet managen. Diesem System haben sich bis heute über 22 Medienhäuser, u. a. die MADSACK Mediengruppe, die Rheinische Post, die DuMont Mediengruppe und die Sächsische Zeitung, angeschlossen.

Die AboCard wird an alle Abonnenten ausgegeben. Am System teilnehmende Partner (Partnerfirmen) gewähren gegen Vorlage der Karte für jeden Einkauf einen Rabatt, der nachträglich durch den Verlag ausgezahlt wird. Aus Kundenbindungssicht sind dabei zwei Sachverhalte wichtig: die nachträgliche Ausschüttung der Rabatte (Bonusprogramm) und die Auszahlung der Boni durch das Medienhaus. Insoweit stehen nicht der einzelne Einkauf und die Ersparnis bei einer Partnerfirma im Fokus, sondern das Ziel, einen erheblichen Anteil der Abonnementgebühren zu refinanzieren. Ein emotionaler Anreiz, der sich dadurch verstärkt, dass die AboCard exklusiv Abonnenten vorbehalten ist.

Doch auch die am System teilnehmenden Partnerfirmen profitieren. Sie können differenzierte Werbekanäle nutzen, den Kunden direkt ansprechen, neue Kunden gewinnen und in der Regel einen höheren Umsatz verbuchen.

Der Erfolg der AboCard lässt sich an verschiedenen Kennzahlen ablesen, wird aber hauptsächlich an ihrer Kundenbindungswirkung gemessen. Mit einem intelligenten CRM-System im Rückraum ist diese nachvollziehbar. Übrigens ein Manko vieler Sofortrabatt-Systeme, bei denen die Kundenkarten nicht erfasst werden und somit weder die Nutzung noch der Erfolg messbar sind. Im CRM-System analysieren die Verlage Nutzer (aktive Kartennutzer) und Nicht-Nutzer der Kundenkarte hinsichtlich ihres Kündigungsverhaltens. Die Ergebnisse Ergebnisse sind eindeutig: Die aktiven Nutzer der AboCard sind die treueren Abonnenten (vgl. Abb. 9.1).

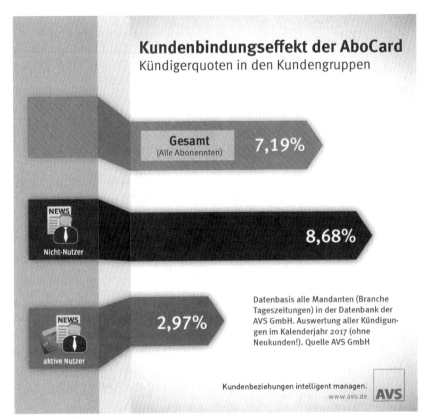

Abb. 9.1 Kundenbindungseffekte der AboCard. (Quelle: AVS GmbH)

Einen ähnlichen Effekt ergeben Messungen bei den Neukunden, also bei Abos mit einer noch kurzen Laufzeit. Das bestätigt, dass es sich bei den Nutzern der AboCard keinesfalls um eine Kundengruppe handelt, die bereits vorher loyal war.

Weil die AboCard mit einem CRM-System verbunden ist, liefert jede Einkaufstransaktion wertvolle Kundendaten und trägt zu einer höheren Datenqualität bei. Ihre Auswertung macht es beispielsweise im realen Fall eines Schuhfachgeschäftes möglich, einen direkten Zusammenhang zwischen der Schaltung einer Anzeige für AboCard-Besitzer und einem Plus bei Umsatz und Zahl der Neukunden herzustellen (siehe Abb. 9.2).

Abb. 9.2 Beispielhafter Werbeerfolg. (Quelle: AVS GmbH, Booklet Best Practice Kundenbindung durch Bonusprogramme bei Zeitungsverlagen, veröffentlicht in DNV Der neue Vertrieb Ausgabe 2/2019)

Dadurch besteht die Möglichkeit der Erfolgskontrolle von Anzeigen. Gerade im sich stark verändernden Werbemarkt, in dem zunehmend Beratungsleistung gefordert ist, wird es immer wichtiger, dass für das Verkaufsgespräch valide Informationen vorliegen, wie beispielsweise Umsatz und gewonnene Neukunden.

Insofern ist die AboCard nicht nur ein Instrument zur Kundenbindung. Sie ist ein über den Lesermarkt hinaus vernetztes Produkt und bedient auch Interessen im Werbemarkt.

10

Customer Engagement – Das Management von nachhaltigen Kundenbeziehungen im digitalen Zeitalter

Thomas Mäling

Zusammenfassung Das Beispiel von Burda Direct zeigt, wie mithilfe digitaler Kommunikationswege in Verbindung mit einer vorausschauenden Datenanalyse gezielt Kundenkontakte aufgebaut und Kundenbeziehungen für ein Abonnement gestaltet werden können.

Für Zeitungs- und Zeitschriftenverlage gewinnen vor dem Hintergrund sinkender Werbeerlöse die Vertriebserlöse immer mehr an Bedeutung. Dem Abonnement kommt dabei eine besondere Rolle zu, da es zum einen stabile und kontinuierliche Umsätze für jede einzelne Ausgabe generiert, zum anderen auf individuell adressierbaren, direkten Kundenbeziehungen beruht. Beides gilt nicht in diesem Maße für zweistufige Vertriebskanäle mit aus Verlagsperspektive anonymen Konsumenten.

Im tiefen Verstehen des Kunden und seiner Bedürfnisse und daraus abgeleitet in einem passgenauen Leistungspaket aus Produkt bzw. Sortiment, Pricing, digitale oder physische Distribution und Service liegt der Schlüssel zum Erfolg für Verlage. Das ist zwar nichts Neues, aber keinesfalls

T. Mäling (✉)
Burda Direct GmbH, Offenburg, Deutschland
E-Mail: thomas.maeling@burda.com

© Springer Fachmedien Wiesbaden GmbH, ein Teil von Springer Nature 2019
T. Breyer-Mayländer und M. Keil (Hrsg.), *Kundengewinnung und Kundenbindung bei Presseabonnements*, https://doi.org/10.1007/978-3-658-26050-7_10

ein „alter Hut". Denn im digitalen Zeitalter hat dies disruptive Konsequenzen, da zum einen ein emanzipierter Konsument über eine fast vollständige Markttransparenz verfügt und damit die Spielregeln bestimmt. Zum anderen verfügen die Anbieter über ganz neue technologische Möglichkeiten für individualisierbare, digitale Produktdesigns, Content Angebote und Interaktionen. Reichweitenzuwachs und Leserbindung sind über die unterschiedlichsten digitalen Touchpoints wie Websites, Social Media und Apps erzielbar und liefern individuelle Kundendaten, die in Umfang und Detailtiefe exponentiell wachsen und in real-time verfügbar sind.

Die Kapitalisierung der Konsumentenbeziehung ist für Verlage nicht nur auf Werbe- und Vertriebs-erlöse für redaktionelle Inhalte limitiert, sondern es entstehen neue Chancen für Erlösströme durch zusätzliche Produkt- und Serviceangebote aus der Medienmarkenbindung. Beispiele bei Burda sind Reisen, Wein, Gartenprodukte, Messen- und Veranstaltungen oder digitale Services wie TV-Streaming. Die besondere Herausforderung besteht im Management der steigenden Komplexität und der Realisierbarkeit von Economies of Scale im Zuge der Individualisierung und Personalisierung von Produkten und deren Vermarktung. Technologie und Digitalisierung ermöglichen die prozessuale Umsetzung, die konzeptionelle Aufgabe liegt aber davor.

Orientierung gibt das Customer Lifecycle Modell und das Verstehen sowie die Gestaltung der Customer Journey. Im ersten Schritt geht es darum, eine möglichst hohe Zahl an direkt adressier-baren bestehenden und potenziellen Lesern zu generieren, um in eine personalisierte Kundenbe-ziehung über möglichst alle relevanten Kontaktkanäle treten zu können. Dazu zählen im digitalen Bereich Email, Social Media, Apps, Customer Self Service Plattform und anonymisiert über Websites. Dem Kanal „Telefon" an der Schnittstelle zwischen Online und Offline kommt eine zentrale Bedeutung zu, da Mobile im Fokus steht. Das Smartphone ist der persönlichste Kanal zum Konsumenten, bündelt es doch alle Online-Kanäle und ermöglicht die „Urform" und effektivste persönliche Kommunikation – das Gespräch (ggfs. sogar von Angesicht zu Angesicht über Bild) – und das prinzipiell zu jeder Zeit und an jedem Ort. Die postalische Adresse bleibt hoch relevant als Kommunikationskanal und für die physische Zustellung. Wichtige rechtliche Grundvoraussetzung für ein effizientes Management der Kundenbeziehung sind die entsprechenden Einwilligungen für Werbekontakte (Opt-In, DOI) sowie zur Datenspeicherung, Analyse und Nutzung. Deren Einholung schon bei der Leadgenerierung ist daher fundamentaler Bestandteil der Customer Engagement Strategie. Ziel ist eine kontinuierliche Festigung der Kundenbindung und Kundenwertsteigerung. Am Beispiel „Verlagsabomanagement", der Königsdisziplin für nachhaltige Kundenbeziehungen, sollen diese näher beleuchtet werden.

Basis ist eine von Burda selbst entwickelte Aboplattform mit operativem und analytischem CRM. An diese dockt die Aboshop-Plattform an, die es sowohl in einer für Desktop optimierten als auch in einer mobile-only Version gibt. Eine Einheitslösung, ob mobil optimiert oder im responsive Design wäre für den mobilen Use Case suboptimal. Für die Kundendatenanalyse kommen SAS Tools zum Einsatz. Um die Customer Touchpoints, Kanäle und Maßnahmen in jeder Phase im Kundenlebenszyklus optimal zu orchestrieren, setzen wir bei *dialogplus* im digitalen Bereich die Selligent Marketing Cloud ein. Selligent greift dabei auf die Kundendaten im CRM System oder in anderen Datenquellen zurück, bündelt und verarbeitet Daten aus allen personalisierten und anonymen online und offline Kontaktpunkten und spielt sowohl automatisierte als auch individuell konfigurierte Kampagnen aus. Eine beispielhafte Kontaktstrecke entlang des Kundenlebenszyklus für ein auf Nachhaltigkeit ausgerichtetes Abomarketing kann wie folgt aussehen:

Leadgenerierung Über SEM, eigene oder externe Websites oder Social Media Kanäle kann ein Gratis Content (z. B. Whitepaper) beworben und über Landingpage oder Widget die Email-Adresse, DOI und Datennutzungserlaubnis generiert werden. Der Content wird online just-in-time ausgeliefert. Damit ist dieser Lead bereits bezüglich seines Interessensprofils sowie Zugangs- und Kontaktkanals vorqualifiziert und von wesentlich höherer Wertigkeit als z. B. über Gewinnspiele generierte Leads.

Conversion Erfolgsentscheidend ist ein real time Einsatz des Leads z. B. für ein Aboangebot in erster Priorität. Das kann einstufig oder mehrstufig mit Kombi- (Print plus Digital) oder Upgrade-Angeboten erfolgen. In folgenden Kontakten können weitere Produkte oder Services, wie z. B. ein Kundenvorteilsprogramm angeboten werden. Auch dafür ist zum einen eine zeitnahe Nutzung des Leads erfolgsentscheidend, zum anderen steigert die Nutzung von Verhaltensdaten des Leads, z. B. aus der Customer Journey über Tracking Pixel, Themenumfelder und Interessenprofil, signifikant die Conversion, z. B. in ein individuell zugeschnittenes Newsletter-Abo. Hierüber entsteht eine content-bezogene und damit nachhaltige Kundenbeziehung und bietet einen weiteren Kontaktpunkt für Zusatzerlöse über Werbung, Produktangebote oder weitere digitale oder analoge Abos. In dieser Phase kommt ein bei *dialogplus* entwickeltes Score-basiertes Haltbarkeitsprognosemodell mit Kundewertberechnung zum Einsatz. Dies erlaubt eine renditeorientierte Kampagnensteuerung für die Akquise und liefert zusätzlich Parameter für einen wirtschaftlich sinnvollen, kundenspezifischen Budgeteinsatz im Bestandskundenmarketing.

Begrüßungsstrecke und Anstoßkette Es ist eine überholte Denkweise, dass mit der „Einweisung eines Abos" der Job erledigt ist bzw. es sogar stornogefährdend sei, weitere Kontakte mit einem Neuabonnenten zu kreieren. Der E-Commerce bzw. Distanzhandel beweist uns genau das Gegenteil. Warum sollte ein Neukunde das Abo, das er gerade bewusst abgeschlossen hat, sofort wieder kündigen wollen? Das machen nur rund 5 % der Neukunden. Er ist in freudiger Erwartung seines Produktes und ggfs. einer Prämie, d. h. in einem positiven Empfängermodus. Eine Begrüßungsmail bietet in dieser Phase die Chance für eine Erweiterung und Vertiefung der Kundendaten, um z. B. Geburtstagsdatum, weitere Kontaktdaten – vor allem die Mobilnummer und einen Opt-In, falls noch nicht erteilt – zu erhalten. Auch in diesem Schritt ist die Generierung eines SEPA Mandats die effektivste Form der Kundenbindung. In der weiteren Anstoßkette können komplementäre Produkte und Services aus der Markenfamilie oder aus dem Interessenbereich des Neukunden angeboten werden. Je vielfältiger die Interaktion und vor allem die Transaktionen gerade in der Anfangsphase zu einer aktiven Kundenbeziehung führen, umso stärker die Kundenbindung und damit die Wirtschaftlichkeit des Kunden über die gesamte Lebensdauer. Auch hier ist der entscheidende Hebel die Nutzung von Kundendaten. Ein Beispiel für eine simple Marketingautomation-Umsetzung: Rechnungszahler erhalten bei Zahlungseingang eine Bestätigungsmail mit einem Incentive-Angebot für ein zu erteilendes SEPA Mandat.

Bestandskundenmarketing mit analytischem CRM Bereits aus der Leadgenerierung, Conversion sowie Begrüßungs- und Anstoßkette konnten wertvolle Kunden- und Reaktionsdaten generiert werden, die für das Bestandskundenmarketing erfolgskritisch sind. In der Reifephase können über Scoringverfahren selektierte Kundensegmente mit weiteren Angeboten im Kundenwert gesteigert werden. Über Datamining werden kundenspezifisch die relevanten Abos, Produkte, Services und Pricings definiert und die Scores ermittelt. Ein Cross- und Upselling kann sowohl über Push- als auch Pullkanäle erfolgen. Hierbei spielt der Customer-Service eine zentrale Rolle. Über ein „Next Best Offer"-Feature in der 360 Grad-Sicht auf den Kunden bekommt der Mitarbeiter in real time passgenaue Produktvorschläge eingeblendet, sobald der Kunde anruft und über das CTI erkannt wird. Die Scores werden auch für Outbound-Telefonmarketing, Email Marketing und Print Mailings eingesetzt, idealerweise crossmedial vernetzt und entsprechend der Customer Journey ausgesteuert. Orchestriert wird dies über ein dafür ausgelegtes Kampagnenmanagement-Tool, entweder als Marketingautomation eventgetriggert (z. B. Geburtstag, Weihnachten, Black Friday) oder über On-/Off-Promotions. Das Timing, eine angemessene und wirtschaftlich sinnvolle Frequenz dieser Anstöße ist letztlich kundenindividuell zu gestalten. Grundlage dafür bilden wiederum die Kunden- und Reaktionsdaten, wie auch für die Ermittlung des zu erwartenden Kundenwertes, um den Werbebudgeteinsatz pro Kunde zu optimieren.

Churn Prevention und Reaktivierung In einem mehrstufigen Verfahren kann jeder dritte Abo-Kündiger zurückgewonnen werden. In der ersten Stufe werden über Data Analytics absprunggefährdete Kunden identifiziert und kontaktiert, noch bevor diese die Kündigung ausgesprochen haben. Das hat den entscheidenden Vorteil, dass mit entsprechenden Treueangeboten ein positives Verhalten (Abo-Verlängerung) statt Abbestellung belohnt wird. Die drei Erfolgsfaktoren für Churn

Prevention sind ein trennscharfes Scoring, das richtige Timing der Ansprache und ein effektives Halteangebot. Reine Treue-Geschenke ohne ein entsprechendes Commitment des Kunden haben sich als wirkungslos erwiesen. In den folgenden Stufen wird die Phase der Belieferung nach einer erklärten Kündigung genutzt, die Lieferung der letzten Ausgabe, ein Nachfassen nach eingestellter Belieferung und in der Folge eine Reaktivierung der Inaktiven. Alle Stufen können vollautomatisiert selektiert und ausgesteuert werden. Die Kontaktwege können prinzipiell online wie offline bzw. crossmedial erfolgen. Eine Schlüsselrolle spielt bei Burda der telefonische Inbound Kanal zum Customer Service. Der Kunde wird gezielt aufgefordert, im Falle einer Kündigung anzurufen. Er wird dann in ein Spezialteam für Kündigungsvermeidung geroutet. Dafür geeignete und speziell ausgebildete Mitarbeiter erreichen mit 35 % eine etwa doppelt so hohe Erfolgsquote wie der Durchschnitt eines professionellen Customer Service Teams.

11

Hintergrund: Abomarketing im Umfeld disruptiver und nichtdisruptiver Veränderungen aus wissenschaftlicher und praktischer Perspektive

Thomas Breyer-Mayländer

Zusammenfassung Das Abonnementmarketing der Presseverlage und Medienunternehmen mit redaktionell geprägten Produkten hat sich seit der Jahrtausendwende verändert, weiter differenziert und professionalisiert. Die Veränderungen der digitalen Marktumgebung, die auf medienökonomischen Prinzipien der digitalen Transformation beruhen, bilden den Hintergrund für diese Weiterentwicklung. Eine Analyse dieser Grundprinzipien erklärt dabei nicht nur die aktuellen Veränderungen, sondern liefert auch die Grundlagen für eine Betrachtung der künftigen Marktumgebung für das Abonnementmarketing.

T. Breyer-Mayländer (✉)
Hochschule Offenburg, Offenburg, Deutschland
E-Mail: breyer-maylaender@hs-offenburg.de

© Springer Fachmedien Wiesbaden GmbH, ein Teil von Springer Nature 2019
T. Breyer-Mayländer und M. Keil (Hrsg.), *Kundengewinnung und Kundenbindung bei Presseabonnements*, https://doi.org/10.1007/978-3-658-26050-7_11

11.1 Plattformökonomie: Beispiele außerhalb der Medienbranche

In vielen Märkten haben sich seit der Jahrtausendwende die Prinzipien der Plattformökonomie als relevante Treiber von teilweise disruptiven Veränderungen erwiesen. Diese Veränderungen finden sowohl in Business-to-Consumer-Märkten als auch in Business-to-Business-Märkten ihren Niederschlag. Die Marktmacht von Plattformen ergibt sich durch ihre Eigenschaft, unterschiedliche Produktoptionen zu bündeln und durch die systematische Vergleichbarkeit von Preisen und Leistungen die Transparenz für die Kundenseite zu erhöhen. In Verbindung mit einer zumindest themenspezifisch ausreichenden Sortimentsbreite führt dies für die Kundenseite zur Möglichkeit eines One-Stop-Shoppings, bei dem zeiteffizient und bequem eine Auswahl unter unterschiedlichen Anbietern stattfinden kann. Ökonomisch gesprochen verringert die Plattform auf Kundenseite die Transaktionskosten, was bei einer Betrachtungsweise im Sinne von „Total-Cost-of-Ownership" zu einer Erhöhung der Gesamtrentabilität führen kann.

Ein anschauliches Beispiel für die Marktmacht von Plattformen sowohl im B2B-als auch B2C-Bereich ist Amazon. Der Online-Versandhändler war ursprünglich in der Gründungsphase auf den Verkauf und Versand von Büchern spezialisiert. Dabei richtete Amazon sich zunächst an die Privatkunden. Mit der zunehmenden Marktbedeutung von Amazon als weltweit größtem Online-Buchhändler stieg die Attraktivität der Plattform für spezialisierte weitere Versandhandelsunternehmen. Heute sind neben den direkt bei Amazon bestellbaren Büchern, die typischerweise auch bei den Barsortimentern (Buchgroßhändlern) vorrätig sind, darüber hinaus auch Buchangebote von Dritten verfügbar, die gewissermaßen als Handels-Subunternehmer von Amazon tätig sind. Insbesondere im Bereich antiquarischer Bücher bekommt die dominierende Plattform und Marke Amazon somit eine nicht unerhebliche Gatekeeper-Funktion. Die Marktmacht einer Plattform wie Amazon ergibt sich dadurch, dass kleinere Marktteilnehmer – seien es nun Hersteller (am Beispiel der Bücher die Buchverlage) oder Händler (beim Beispiel Bücher die kleineren spezialisierten Versandhändler) – nicht am Vertriebsweg Amazon vorbeikommen, wenn sie nicht Gefahr laufen wollen, erhebliche Teile des Marktes erst gar nicht zu adressieren und zu erreichen. Diese ursprünglich im Buchsegment begründete starke Marktstellung von Amazon ist inzwischen auf unterschiedliche Handelsbereiche, aber auch unterschiedliche Medienkategorien ausgedehnt worden. Mit Amazon Prime ist es gelungen, einen umfassenden Mediendienst zu etablieren, was den Bewegtbildsektor als Gesamtbundle betrifft. Spezialprodukte wie Audible, bei dem der Bereich Hörfunk/ Hörbücher gebündelt ist, zeigen ebenfalls den Erfolg der Plattform auf.

Digitale Plattformen für Endverbraucher, die eine ähnliche Marktmacht der Plattform selbst repräsentieren, sind inzwischen in vielen anderen Anwendungsbereichen nach einem ähnlichen Prinzip etabliert worden. Auch Geschäftsfelder, die mitunter eng mit den Leistungspaketen des Presse Abonnementmarketings verbunden sind, wie etwa der Tourismussektor mit den Leserreisen, sind stark von diesem Trend geprägt.

Für die Analyse der Marktchancen und Entwicklungsmöglichkeiten von Medienabonnement- und Pressebundling-Modellen ist eine Detailanalyse der möglichen Funktionen eines solchen Produkts erforderlich. Grundsätzlich geht es bei Plattformen im Medienbereich – ähnlich wie in anderen Branchen – um eine ökonomisch sinnvolle Bündelung der Angebote, sodass unterschiedliche Nutzungsszenarien und Nutzungsbedürfnisse auf Kundenseite abgedeckt werden können. Ein Beispiel aus dem pressenahen Umfeld sind die oben bereits genannten Aggregatoren. Wie der Name nahelegt, geht es dabei um Plattformen, deren Dienstleistung darin besteht, unterschiedliche Anbieter unter Vertrag zu nehmen, um mit einem umfassenden Leistungsbündel dem Kunden aus den so aggregierten Leistungen eine nach persönlichen Vorlieben zusammengestellte Auswahl von Medieninhalten anbieten zu können. Neben Blendle hat sich im Pressebereich eine Zahl weiterer Anbieter etablieren können. Naturgemäß ist die Anzahl von funktionsfähigen Angeboten in einem solchen Markt grundsätzlich überschaubar, da bei vielen konkurrierenden Angeboten der Vorteil einer Angebotsbündelung nur teilweise aufrechterhalten werden könnte. Für die Presseverlage ist diese Art der Angebotsbündelung nicht grundsätzlich fremd, da sie mit ihren originären Kernprodukten, den gedruckten

Zeitschriften und Zeitungen und dem dort etablierten Vertrieb über stationäre Verkaufsstellen im Pressegroß- und -einzelhandel sowie dem Bahnhofsbuchhandel ähnliche Partnerschaften eingehen. Auch dort besteht der Reiz einer Verkaufsstelle in dem vorhandenen Sortiment und der Auswahlmöglichkeit. Ist bei einem Kiosk die Auswahl lediglich auf der Ebene von Gesamtprodukten möglich (Ich kann mir eine Zeitung oder Zeitschrift zum Kauf aussuchen oder auch nicht.), können Aggregatoren hingegen eine Auswahl auf der Ebene einzelner Produktbestandteile ermöglichen, was ein weiteres Unbundling von Produkten ermöglicht. Diese neu kombinierten Leistungsbündel können beispielsweise heterogene Quellen zu spezifischen Themen wie Wirtschaft, Politik oder Sport umfassen. Ein Anbieter wie readly umfasst 3700 unterschiedliche Pressemarken, von denen rund 1000 aus dem deutschsprachigen Raum stammen (o. V. 2019). Für die Verlage als Kooperationspartner bzw. Lieferanten einer Plattform wie readly verändert sich mit der Neukonfektionierung des Leistungsbündels auch der ökonomische Rahmen. Statt wie bisher über das komplette Leistungsbündel und damit die Gesamtkomposition des Produkts bestimmen zu können, wird jetzt der einzelne Artikel zum Detailbestandteil eines größeren Leistungsbündels, das sich der eigenen Kontrolle jedoch teilweise entzieht. Insbesondere die Wahrnehmbarkeit der eigenen Marke in ständigem und direktem Wettbewerb zu anderen Medienmarken, die über dieselben oder ähnliche Themen berichten, kann zu einer produkt- und markenpolitischen Herausforderung werden.

Es verändert sich in diesem Setting jedoch nicht nur der Kernnutzen des Produkts und damit auch die Produktpolitik, sondern auch das bei einer Analyse des Geschäftsmodells und der Gesamtbewertung entscheidende Erlösmodell stellt sich anders dar. Die detaillierte Abrechnung nach der Nutzung einzelner Content-Bestandteile führt nicht nur zu einem detaillierteren internen Redaktionscontrolling, sondern auch zu einer detaillierteren und im Zweifel weniger umsatzstarken Abrechnung der Content-Leistungen. Ähnlich wie die Handelsspanne bei der Vermarktung physischer Printprodukte, steht dem Verlag auch im Falle der Beteiligung an einem digitalen Aggregator ein entsprechender Anteil am erzielten Gesamtumsatz zu. Doch die aus Kundensicht sinnvolle überschaubare Lösung des Bezahlmechanismus im Rahmen von Flatrate-Subscriber-Modellen führt dazu, dass es am Ende der Abrechnungsperiode um eine pauschale Aufteilung des Erlösanteils einzelner redaktioneller Inhalte geht. Damit wird es erheblich schwieriger, spezialisierte, besonders erfolgreiche redaktionelle Produkte zu erstellen und entsprechend konsequent zu vermarkten. Für die Medienabonnementprodukte und Pressesubscribermodelle ist diese Veränderung, der Wechsel von reinen Produktabonnements zu nutzungsorientierten Produkt-Bundles, eine Veränderung, die mit der Änderung der inside-out-Betrachtung zu einer outside-in-Betrachtung einhergeht. Bei der Verknüpfung der externen Bedürfnisse mit den internen Produktkonzepten kommt es für ein erfolgreiches Abonnementmarketing auf die Kommunikation an. Das Beispiel der Neuen Zürcher Zeitung (NZZ) zeigt, dass man beispielsweise mit gut konzipierten Newslettern, die die Aufmerksamkeit der Kunden auf die redaktionellen Leistungen und aktuellen Artikel richten, die Abonnementzahlen deutlich verbessern kann (vgl. Borgböhmer 2019).

Stand bisher die Philosophie im Vordergrund, die Produkte der eigenen Marke so aufzubereiten, dass sie mit einem möglichst großen Umfang dem Zielpublikum verkauft werden können, geht es auf der Ebene der neuen Digitalprodukte vorrangig um die Frage, welche Inhalte aus welchen unterschiedlichen Quellen jetzt im Moment für die Zielgruppe Nutzen stiften können. Für die Verlage stellt sich dabei die Frage, ob der mithilfe von Aggregatoren erzielte Umsatz zulasten des Umsatzes der traditionellen Abonnementmodelle Digital- und Printbereich geht. Die Aggregatoren selbst betonen immer wieder bei der Erschließung neuer Verlagspartner, dass ihre Umfragen zeigen, dass die Überschneidung der Zielgruppe nur von sehr geringer Bedeutung sei. Readly verweist beispielsweise auf eine Studie des Finanzen Verlags, wonach 95 % der Nutzer, die einen Titel auf Readly herunterladen und dessen Content in digitaler Form nutzen, bislang diesen Titel nicht gelesen haben (o. V. 2019).

Ähnlich wie die pressenahen Aggregatoren haben sich mit Netflix, Skype, Amazon Prime etc. eine Reihe von Plattformen im Mediensektor entwickelt. Dabei unterscheiden sich Marken, die allein im Bewegtbildsektor unterwegs sind, durch die Verfügbarkeit von Sendern des klassischen Formatfernsehens und dem Umfang der Premiumdienste. Die in Deutschland gestarteten Versuche der privaten und der öffentlich-rechtlichen

TV-Sender eigene Plattformen als Premiumangebot für Streamingdienste zu etablieren, sind durchweg an kartellrechtlichen Bedenken gescheitert. Da die Wirksamkeit einer Bewegtbildplattform davon abhängt, dass sie eine ausreichende Marktstärke im Bereich des Content-Angebots besitzt, versuchen die Plattformen auch die typischen Wettbewerber als Kooperationspartner mit einzubeziehen und deren Videoangebot mit aufzunehmen. Im deutschen Markt sind es die Anbieter Sky, Telekom Magenta TV, TV Spielfilm Live, Unitymedia TV, Vodafone Giga TV, Waipu und Zattoo, die derartige Dienste anbieten, ohne dass deren Zuschnitt für die Kunden getrennt wahrgenommen werden kann. Die Kunden haben dabei die Möglichkeit, nicht nur spezielle Produkte der einzelnen Plattform zu nutzen, sondern auch den überwiegenden Teil des freien Bewegtbildangebots von Wettbewerbern, die als Kooperationspartner eingebunden sind. Das Beispiel von Sky kann dies veranschaulichen. Unter der Oberfläche von Sky Deutschland sind nicht nur die Sender der Sky-Gruppe verfügbar, sondern beispielsweise auch die öffentlich-rechtlichen TV-Sender RTL und ZDF. Darüber hinaus kann über die Plattform auch auf YouTube oder die Accounts von Netflix, DAZN und Spotify zugegriffen werden. Diese Plattformen für Bewegtbilder sind somit nicht nur Wettbewerber für Abonnementmodelle aus dem Pressebereich, wenn es um die feste Fixierung der monatlichen Medienausgaben privater Haushalte geht, sondern sie setzen mit ihrer Oberfläche auch einen Standard und eine Benchmark, wie unterschiedliche Mediendienste mit möglichst niedrigen Zugangshürden über die mobilen Endgeräte der Nutzerschaft zugänglich sein können.

Die unterschiedlichen Bundlingangebote in diesem Bereich setzen jedoch nicht nur auf der Ebene der Produktvielfalt, der Benutzeroberfläche und des technischen Zugangswegs Standards, die sich direkt auf die Chancen und Möglichkeiten der Vermarktung von Digitalangeboten anderer Mediengattungen auswirken, sondern sie setzen auch Standards für die Möglichkeiten der Preisgestaltung. Im Sinne des psychologischen Verkaufspreises wird mit den unterschiedlichen Preisstrukturen der Subscriber-Modelle auch ein erster Preisanker fixiert. Wenn es also darum geht, für den Pressesektor Abonnementmodelle zu definieren, die eine differenzierte Preisgestaltung je nach Anwendungsbereich und Nutzungssituation gestatten und damit eine Individualisierung des Preises angestrebt wird, muss auf die bereits existierenden

Preisvorstellungen durch andere Medienanbieter Rücksicht genommen werden. Es geht also nicht nur um eine zielgruppenorientierte Differenzierung, wie wir sie mit Studierenden-, Senioren-, Pendler- und anderen Zielgruppen-Abonnements bereits im Markt vorfinden können, sondern um eine nutzenorientierte Differenzierung. Dies kann durchaus in das Themenfeld das Dynamic-Pricing münden, in dem eine differenzierte Preisgestaltung nach messbaren Kriterien, wie beispielsweise Standort des Abrufs, Abrufzeit, Themenumgebung und weiterem Nutzungskontext erfolgt. Wichtiger als ein einheitlicher Preis im Sinne der allgemeinen Preistransparenz ist dabei ein plausibler Preis, der aus Sicht der Kunden den Wert des Produkts widerspiegelt. Es geht daher nicht um den in Summe günstigsten Preis, sondern die plausibelste Begründung für den einzelnen Zahlvorgang. Diese Unterscheidung ist keineswegs neu und ein Kind der digitalen Transformation, sondern lässt sich auch aus anderen Kontexten und Märkten ableiten. Managementvordenker Peter Drucker führt hier das Beispiel von Gilette an. Der Hersteller von Einwegrasierern verkaufte günstige Rasierapparate in Verbindung mit teuren, hochwertigen Klingen. Die Kunden bezahlten in der Summe mehr als bei anderen Anbietern. Die Preisgestaltung war jedoch plausibler, da es um die Kosten pro Rasur ging, die wiederum direkt mit anderen Alternativen wie den heute wieder im Trend befindlichen Barbershops konkurrierten. Die Frage war somit nicht, was mich diese Kombination in ein oder zwei Jahren kostet, sondern welche Kosten pro Rasur anfallen (vgl. auch Drucker 2008).

Übertragen auf den Bereich der Presseprodukte bedeutet diese für den Nutzer nachvollziehbare Preisstruktur eine Abkehr von den bisherigen Modellen, die überwiegend so angelegt waren, dass sie als Ergänzung des dominierenden Paid-Geschäftsmodells aus dem Printbereich fungierten. Analog zu den bestehenden Diensten aus dem Bewegtbildsektor, mit denen eine nicht unerhebliche Zahlungsbereitschaft für Medien mobilisiert werden konnte, die bislang traditionell ohne Vertriebspreis auskamen, geht es darum, den Nutzern Zugang zu einem Leistungsprinzip zu verschaffen, das den eigenen Interessen entspricht und ihnen eine Reihe von Optionen unter einer einheitlichen Oberfläche und Zugriffsmöglichkeit verschafft. Dabei kommt es bei der Bewertung des Nutzens nicht darauf an, ob alle Bestandteile dieses Leistungsbündel am Ende tatsächlich genutzt werden. Ganz im Sinne der Multioptionsgesellschaft stellen die möglichen nutzbaren Inhalte bereits einen Wert an sich dar. Im Bereich der digitalen Medien haben sich die Nachteile bisheriger umfangreicher Leistungsbündel aus dem Printbereich nicht eins zu eins im digitalen Umfeld bestätigt. Während das Ansteigen der Umfänge bei Printprodukten zu einer größeren Zufriedenheit bei Leserinnen und Lesern führt, wenn diese Produkte dennoch nicht vollumfänglich genutzt werden können (beispielsweise aus Zeitmangel), ist in der digitalen Wettbewerbsumgebung der Umgang mit zusätzlichen Inhalten, die man nicht konsumieren möchte, bereits etabliert. An dieser Stelle sind dagegen Kooperationslösungen wie beispielsweise ein marken- oder unternehmensübergreifender Single-Sign-On (SSO) für Paid-Services von entscheidender Bedeutung. Nur dann, wenn eine umfassende Mediennutzung durch einen bezahlten Zugang möglich wird, entspricht das Leistungsbündel im Kern den Wunschanforderungen der Nutzerinnen und Nutzer.

11.2 Medienökonomische Basisprinzipien

Das Abonnementmarketing im Medien- und Pressesektor hat sich in Bezug auf die Zielgruppen sowie die Produkte und Produktkombinationen seit den 1990er Jahren deutlich verändert. Um den Hintergrund dieser Entwicklung nachvollziehen zu können, lohnt sich ein Blick auf die Veränderungen der Strukturen, Märkte und Produkte, die eng mit der Medienkonvergenz verbunden sind. Diese Konvergenz beschreibt die Verbindung von getrennten Märkten, die zu neuen Leistungsangeboten und systematischen Lösungen führt (vgl. Keuper und Hans 2003, S. 36). Bei der Medienkonvergenz geht es dabei um die Entwicklung, wonach die unterschiedlichen Mediengattungen zusammenwachsen (Zerdick et al. 1999, S. 132 ff.). Die Veränderungen betreffen jedoch nicht nur die Ebene der Medienprodukte, die sich meist in der einen oder anderen Form in Richtung Digitalprodukte verändern. Die Konvergenz verändert die Medienbranche ganz grundsätzlich, denn aufgrund der gemeinsamen technischen Grundlage der digitalen Übertragungs- und Medientechnik entwickelt sie sich zu einer komplexen Industrie, bei der vor- und nachgelagerte Wertschöpfungsstufen in die Branche integriert werden. Die Konvergenz geht damit über die reine Medienkonvergenz hinaus (Engel 2014, S. 47) und kann somit schon seit mehr als 20 Jahren unter dem Begriff der „TIME-Branche" gekennzeichnet werden (vgl. Breyer-Mayländer und Werner 2003, S. 367 ff.), da die Bereiche Telekommunikation, Informationstechnologie, Medien und Entertainment (TIME) sich aufgrund der digitalen Technologie und der technischen Verbindung über das TCP/IP basierte Internet (Gläser 2008, S. 270 ff.) zu einem neuen Marktsegment ergänzten. Medienkonvergenz und die damit eng verbundenen Veränderungen durch die digitale Transformation finden als Medienkonvergenz auf vier unterschiedlichen Ebenen wie Medientechnik, Medieninhalte, Mediengattungen und Medienpolitik statt. Dabei geht es für die Aufgaben des Abomarketings um die Konvergenz durch die Digitaltechnik, die als Prozesstechnologie in allen Mediengattungen Einzug gehalten hat (vgl. Breyer-Mayländer 2001). Das bedeutet, dass selbst dann, wenn das Endprodukt keineswegs als digitales Produkt auf den Markt gebracht wird, sondern ggf. sogar neue Printprodukte entstehen, eine technisch einheitliche Basis besteht, die wiederum die Voraussetzung für konvergente Produkte bildet. In Zusammenhang mit der Digitalisierung steht die Rolle des Content und der Content-Intermediation im Fokus des Innovationsprozesses (Walter 2007, S. 8). Die Mediengeschichte zeigt, dass rein technische Innovationen keine Veränderung der Medienstrukturen und der Mediensysteme hervorrufen (vgl. Seufert 2013, S. 8). Innovationen im Mediensektor sind im Gegensatz zu anderen Branchen nicht immer technikdominiert. „Die generell in der Innovationsliteratur konstatierte große Bedeutung neuer Technologien als zentralem Merkmal von Produktinnovationen bestätigt sich auch für Medieninnovationen, jedoch mit Einschränkungen. Bei Medienprodukten ist der Inhalt das zentrale Element der Nutzenstiftung, wobei Inhalt und Technologie verzahnt sind und im Ergebnis eine aggregierte Nutzenstiftung erfolgt" (Habann 2010, S. 19). In der Konsequenz verlieren Mediengattungen als Abgrenzung der Märkte und Akteure zunehmend an Bedeutung. Digitale Angebote von Zeitungen, Zeitschriften und nachrichtenorientierten TV-Formaten stehen in direktem Wettbewerb. Dies führt auch zu Gattungsverschiebungen im konvergierenden Medienmarkt (vgl. Prümmer 2001). Genauso stark hat sich der Markt im Bereich Bewegtbild, bzw. zeitbasierte Medien verändert. Bei einer Analyse der reinen Nutzung der Medienform (unabhängig, ob klassisches Fernsehen oder Streamingdienste wie Netflix, Amazon oder Maxdome) sind vor allem die Nutzungspräferenzen jüngerer Zielgruppen (14–29 Jahre, aber auch abgeschwächt 30–49 Jahre) klar aufseiten der Streamingdienste (vgl. Engel et al. 2017, S. 369). Die Möglichkeiten, die sich aus der Konvergenz der Medien ergeben, legen nahe, dass sich entsprechend dem Riepl'schen Gesetz (1913) die Anwendungsbereiche der Pressemedien als etablierte Medien verändern. Diese Veränderung zeigt sich u. a. bei der Reichweite von Mediengattungen und dem Zeitbudget, bzw. der Mediennutzung im Tagesablauf (vgl. Best und Breunig 2011).

Wenn man die großen Entwicklungstrends berücksichtigt, dann fällt eine deutliche Verschiebung des Zeitbudgets zugunsten der Internetnutzung auf, die bei jüngeren Zielgruppen am stärksten ausgeprägt ist. Bei den Nachrichtenmedien sind dabei die Nutzungsszenarien im Tagesablauf über die Zeit hinweg von Interesse. Nur dann, wenn Nachrichtendienste der Zeitungsverlage im Tagesablauf von zahlungsbereiten Nutzern auch eine relevante Rolle spielen, gibt es die Möglichkeit zur Vermarktung im Vertriebs-/Abonnementmarkt und Werbegeschäft.

Für diese Medien ist dabei die Reichweite ein wichtiger Indikator, da es erfolgskritisch sein kann, wenn ein einzelnes Medium (z. B. Zeitung) unter einen bestimmten Schwellenwert sinkt und damit für die Werbewirtschaft keine relevante Größe mehr darstellt. Entscheidend für die Bewertung unterschiedlicher Mediengattungen und Medienunternehmen ist der Stellenwert, den Rezipienten künftig redaktionell geprägten Medien wie News-Apps einräumen. Der amerikanische Medienanalytiker Jeff Jarvis beschrieb einmal das Prinzip der Information durch soziale Medien wie folgt: „Wenn die Nachricht wichtig ist, wird sie mich schon erreichen." (vgl. Haller 2015). Wenn diese Einstellung für viele potenzielle Kunden maßgebend sein sollte, wird es sehr schwer, den ökonomischen Stellenwert von redaktionellen Informationen zu vermitteln.

Um die Auswirkungen der Medienkonvergenz und der zugrunde liegenden digitalen Transformation auf die Geschäftsmodelle der Verlage richtig interpretieren zu können, bedarf es einer Berücksichtigung der medienökonomischen Rahmenbedingungen. Traditionell haben die Verlage versucht, die Marktzutrittsbarrieren (vgl. Breyer-Mayländer und Seeger 2006, 22 f.) zu nutzen, um einen „unfairen Vorteil" gegenüber anderen Wettbewerbern zu erzielen.

Sunk costs Die Scheu, Einstiegsinvestitionen in Kauf zu nehmen, die im Falle eines missglückten Markteinstiegs als Verlust anzusehen sind, hält Wettbewerber von einem Markteintritt ab und ist damit eine klassische Marktzutrittsbarriere. Diese „versenkten Kosten" während der Markteintrittsphase waren in den Printmärkten als Investitions- und Systemkosten nahezu prohibitiv. Bei digitalen Newsportalen (unabhängig vom Themenfeld der Redaktion) ist diese Marktzutrittsbarriere jedoch nicht mehr wirksam, sodass das Abonnementmarketing in einer wesentlich intensiveren Wettbewerbsumgebung stattfindet.

Economies of Scale Eine weitere typische Hürde für Marktneulinge im traditionellen Pressesektor sind die Betriebsgrößenvorteile (Economies of Scale). Hier spielen u. a. Lernkurveneffekte und Fixkostendegression eine Rolle (siehe Abb. 11.1).

Dieser Zusammenhang zeigt, dass in solchen Medienmärkten große Anbieter zu günstigeren Kosten produzieren, und damit ihre Produkte zu niedrigeren Preisen im Markt anbieten können. In gewissen Grenzen haben wir diesen Zusammenhang auch bei digitalen Produkten, da der redaktionelle Kostenaufwand über die gesamte Nutzerschaft skaliert werden kann. Dennoch ist der Effekt weniger stark, als dies bei den traditionellen Printprodukten der Fall war, sodass auch hier eine Verstärkung des Wettbewerbs festgestellt werden kann.

Economies of Scope Die Verbundvorteile (Economies of Scope) entstehen dann, wenn ein etablierter Anbieter unterschiedliche Produkte und Geschäftsfelder so kombinieren kann, dass er beispielsweise durch redaktionelle Ressourcen gegenüber dem Marktneuling Vorteile besitzt. Das ist der Grund, weshalb die kostenorientierten Preisuntergrenzen im

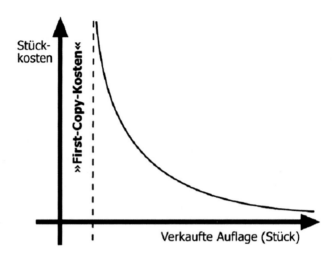

Abb. 11.1 Stückkostendegression am Beispiel von Printprodukten. (Quelle: Breyer-Mayländer und Werner 2003, S. 230)

Bundling eher zum Vorteil der etablierten Player wirksam werden. Im Abomarketing ist dies einer der Startvorteile der Presseverlage als etablierte Player, da sie ihre redaktionellen Ressourcen und Kompetenzen mehrfach nutzen können. Dies gilt nur, solange sie nicht durch eine reine inside-out-Betrachtung und die damit verbundenen Mängel in der Nutzen- und Kundenorientierung Nachteile durch Traditionen und geistige Barrieren in Kauf nehmen müssen.

Strategisches Marktverhalten Neben den Marktzutrittsbarrieren, die in der Struktur des Marktes liegen, kann man als etabliertes Unternehmen durch strategisches Marktverhalten zusätzliche Hürden aufbauen. Ein häufig anzutreffendes Beispiel ist die Preislimitstrategie, bei der die etablierten Anbieter ihre Preise absenken. Das kann im Bereich des Abonnementmarketings für eine Verbundstrategie bei digitalen Verbundprodukten genutzt werden. Wer sein digitales Teilbundle offensiv vermarktet, kann sich von (neuen) Wettbewerbern dadurch abgrenzen, dass nur noch die Grenzkosten in Rechnung gestellt werden.

Long-Tail Einer der Theoriebereiche, der Vorteile für junge und kleine Unternehmen beschreibt, ist ein Effekt, der nach einer Darstellung des Wired-Chefs Chris Andersen als „Long-Tail" (vgl. kritisch hierzu: Pohl 2006) bezeichnet wird, und die Voraussetzung für die Vermarktung von Nischenprodukten bildet. Dies geht bei nachrichtenorientierten Produkten nur begrenzt, da Nischenprodukte eine längere Vermarktungszeit benötigen; daher spielt der Long-Tail bei den Presseabonnements nur bei Sonderprodukten oder Produktbestandteilen (Features, Reportagen etc.) im Rahmen von Paid-Content-Bundles (beispielsweise bei Aggregatoren) eine (Nischen-) Rolle.

Netzeffekte Aus dem Markt der klassischen Printmedien (z. B. Tageszeitungen) kennen wir den Effekt, dass es einen Trend zu Monopolen oder Oligopolen gibt, da die Marktführer Vorteile genießen, wenn beispielsweise die Kunden darauf achten müssen, dass sie bei einem der großen Anbieter unter Vertrag sind, um den vollen Nutzen eines Produkts zu realisieren. Wenn Informations- und Medienprodukte als Güter nicht mit zunehmender Nutzung an Wert verlieren, sondern durch mehr Nutzer an Wert gewinnen, spricht man von Netzeffekten (Shapiro und Varian 1999, S. 13 und 45). Direkte Netzeffekte finden sich bei kommunikations- und interaktionsorientierten Diensten wie E-Mail oder Internet. Eine Vielzahl von neuen Geschäftsmodellen, vor allem im Online-Sektor, beruht auf diesem Netzeffekt. Indirekte Netzeffekte lassen sich sehr gut bei sogenannten Systemgütern erklären. Ein typisches Beispiel ist der Zusammenhang zwischen Apps, die als native App für ein bestimmtes Betriebssystem produziert werden, und dem Verbreitungsgrad des jeweiligen Betriebssystems. Aber durch die besondere Bedeutung digitaler redaktioneller und sozialer Medien entsteht oftmals auch ein sozialer Netzeffekt. Medien sind in vielen Fällen Gegenstand von Identifikation und Kommunikation und haben daher einen engen Bezug zu einzelnen Gruppen, sodass sie selbst Gegenstand der Diskussion werden, auch wenn dies bei jungen Zielgruppen kaum mehr über klassische Massenmedien erreicht werden kann (vgl. Kramp und Weichert 2017, S. 15). Damit hat die früher im Sinne des Abonnementmarketings bestehende Sogwirkung, wonach man bestimmte Pressetitel abonniert haben muss, um mitreden zu können, deutlich nachgelassen.

Metcalfes Law Metcalfes Law besagt, dass bei Netzwerken der Wert des Netzwerks mit der Zahl der Nutzer im Quadrat zunehmen soll. Das Ganze geht auf Robert Metcalfe zurück, dessen Theorie 1993 durch George Gilder „Metcalfe's Law and Legacy" veröffentlicht wurde, auch wenn heute der exakte quantitative Zusammenhang mitunter infrage gestellt wird (vgl. Brisco et al. 2006) (siehe Abb. 11.2).

Trotz dieser Detailkritik wird immer wieder bei der Analyse von grundsätzlichen Zusammenhängen in digitalen Märkten die Gesetzmäßigkeit nach Metcalfe angeführt (vgl. Peters 2010, S. 40).

Mithilfe des Drei-Ebenen-Modells der Internetökonomie kann man die unterschiedlichen Theorie-Ebenen miteinander verbinden (vgl. Aufderheide et al. 2006, S. 145). Als Beispiel kann man den Markt der diversen Betriebssysteme (beispielsweise für Smartphones) anführen. Wer sich für ein Smartphone entscheidet, wird dabei berücksichtigen, wie hoch die Marktanteile des Betriebssystems in diesem Markt sind. Die Produzenten von Apps werden sich wiederum dafür entscheiden, Anwendungen für das Betriebssystem zu entwickeln, das über eine ausreichend große Kundenbasis verfügt (vgl. Breyer-Mayländer 2017, S. 24 ff.) (siehe Abb. 11.3).

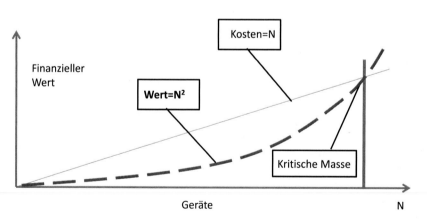

Abb. 11.2 Der systemische Wert der Kommunikation als Quadratfunktion. (Quelle: Breyer-Mayländer 2017, S. 23, in Erweiterung von: Brisco et al. 2006, S. 37)

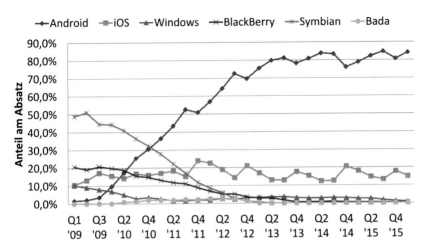

Abb. 11.3 Marktanteile bei Smartphone-Betriebssystemen. (Quelle: Gartner 2016 nach statista, Breyer-Mayländer 2017, S. 25)

Moores Law Der Intel-Mitbegründer Gordon Moore prognostizierte, dass sich die Rechenkapazität in jedem Jahr verdopple, sodass am Ende eines Jahres doppelt so viel Rechenkapazität zur Verfügung stünde, am Ende des zweiten Jahres viermal so viel etc. Auch bei der konkreten Beschreibung der Leistungsfähigkeit (Taktfrequenz, Speicherfähigkeit etc.) von Hardwaresystemen lassen sich die Grundannahmen von Moores Law bestätigen (vgl. Lehner 2010, S. 526).

Konsumrivalität Bei der Beurteilung der Vermarktbarkeit von Gütern spielen in der Medienökonomie deren Detaileigenschaften wie die Konsumrivalität eine entscheidende Rolle. Medien besitzen, auch dann, wenn es sich um nicht-öffentliche Güter wie Zeitschriften handelt, keine sehr hohe Konsumrivalität. Mehrfachnutzungen von unterschiedlichen Konsumenten sind möglich. Wenn der Ausschluss von Konsumenten nicht oder nur eingeschränkt möglich ist, kann der Charakter eines öffentlichen Gutes entstehen. Informationen besitzen dabei Grundzüge eines öffentlichen Gutes zum Nachteil der Vermarktbarkeit. Manchmal findet man vereinfachte Darstellungen des Netzeffektes, wonach der Wert einer Information zunehme, je häufiger sie

Anwendung und Verbreitung finde. Dies trifft auf Informationen im engeren Sinne in keiner Weise zu. Im Gegenteil: Ist die Information – beispielsweise eine Nachricht über ein großes politisches Ereignis – einmal im Umlauf, ist sie nicht mehr vermarktbar. Im Sinne von Paid-Content als klassisches digitales Erlösmodell stellt es somit kein Gut mehr dar, da es keinen Markt hierfür geben wird. Genau hier sind die Grenzen der Paid-Content-Vermarktung von Nachrichten und digitalen Presseprodukten merkbar. Dies zeigt sich als Vermarktungs-nachteil und Begrenzung der Vermarktbarkeit bei digitalen Abonne-mentmodellen.

Die nachrichtenorientierten Medien sind sowohl digital als auch in Printversion Erfahrungsgüter, die sich nicht vor dem Kauf testen las-sen. Allerdings kann der Käufer nach dem Konsumvorgang beurteilen, ob der von dem Produkt gestiftete Nutzen seinen Erwartungen ent-sprochen hat oder nicht, z. B. ein Artikel eines Online-Newsportals, der als Paid-Content nach dem Pay-per-Article-Prinzip abgerechnet wird. Bei einigen redaktionellen Bereichen haben wir es mit der marketing-technisch noch schwierigeren Kategorie der Vertrauensgüter zu tun, die in ihrer Qualität auch nach dem Konsum nicht vom Konsumenten abschließend beurteilt werden können (Wie gut ist die Google-Suche nach einem Begriff, gemessen an den möglichen Treffern im Internet?). Als Ersatz für die Möglichkeit der Überprüfung findet an dieser Stelle das Konzept des Vertrauens in Medienmarken Anwendung. Daher spielen in der Abonnementwerbekommunikation die Marke und das Markenvertrauen eine zentrale Rolle.

Disintermediation Disintermediation beschreibt den Ausschluss einzel-ner Zwischenglieder aus einer Wertschöpfungskette. Beispielhaft sind mehrstufige Handelssysteme, wie wir sie nicht im Abonnementgeschäft, aber im Bereich des Einzelverkaufs von gedruckten Presseprodukten kennen. Wenn man die unterschiedlichen Zwischenhandels- und Groß-handelsformen, die durch eine digitale Handelsplattform oder gar einen direkten Kanal vom Hersteller zum Kunden ersetzt werden, erfordert das vonseiten der Verlage/Medienunternehmen eine große Marketingstärke (Breyer-Mayländer 2019).

Unbundling Das Unbundling beschreibt die Auflösung eines „Leistungsbündels" in seine Bestandteile, die damit als einzelne Teilprodukte vermarktet werden. Wie in der Musikindustrie die LP oder CD als durchkonzipiertes Gesamtwerk durch den Single-Track-Download abgelöst wurde, ist dieser Effekt der Entbündelung auch im Bereich der Presseprodukte sichtbar. Aggregatoren, wie z. B. Blendle sind Dienste, bei denen man News abonnieren kann, die aus unterschiedlichen Quellprodukten stammen. So können bei Interesse an bestimmten Themengebieten der Wirtschaftsnachrichten am Ende Beiträge unterschiedlichster Medienmarken (Handelsblatt, Süddeutsche, FAZ, Wirtschaftswoche, Manager Magazin etc.) von einem Blendle-Kunden bezogen werden. Aus dem Gesamtprodukt wird im Grunde ein fragmentiertes Produkt; ein Effekt, der aus Sicht des Produzenten zahlreiche Nachteile bzw. Risiken besitzt (vgl. Krebs et al. 2015).

Crossmediale Angebote Die Veränderungen im Rahmen der Medienkonvergenz führen zu einer Weiterentwicklung des Mediensystems, bei dem die typischen redaktionellen Presseprodukte, die bisher getrennte Mediengattungen waren, in eine verschärfte Wettbewerbssituation geraten. Nicht alle Angebotsveränderungen sind als konvergente Medien zu interpretieren. Eine erste Ergänzung von Printangeboten (Online-Angebote, PDF-Versionen, Apps) führt zu einer Ausweitung des Medienangebots. Wenn diese Medien nun inhaltlich entweder bei der journalistischen Ausgestaltung oder bei der Buchung durch Werbekunden aufeinander abgestimmt werden, dann wird aus der Medienvielfalt und Multimedialität eine Crossmedialität. Wenn es aus Sicht der Verlage/Medienunternehmen um eine Crossmedia-Strategie geht (vgl. auch: Schneider 2008, S. 29 f.), dann geht es um:

- inhaltlich abgestimmte Redaktionskonzepte der Einzelmedien
- eine Durchgängigkeit des Markenbilds und des Markentransfers
- eine abgestimmte Vermarktbarkeit in den Rezipienten- und Werbemärkten
- eine aufeinander abgestimmte Organisationsstruktur und Prozessorganisation

Dabei werden dann auch auf der Ebene der Redaktion und Produktion die Strukturen und Prozesse zusammengeführt (vgl. Breyer-Mayländer et al. 2015, S. 383 ff.). Ein einprägsames Beispiel war das Vorgehen von Axel Springer bei der Zusammenführung der Produkte und Marken der Tageszeitung „Die Welt" und des Nachrichtensenders „N24", die über die Zwischenstation von Kombimarken gestalterisch in der Markenführung und inhaltlich im Produktkonzept zusammengeführt wurden (vgl. Breyer-Mayländer 2019).

Tradierte Geschäftsmodelle im Presse-/Medienmarkt Anhand der Verlage als klassische Medienunternehmen kann man die Transformation der Geschäftsmodelle nachvollziehen. Wie bereits oben dargestellt wurde, galt lange Zeit beispielsweise im Bereich der lokalen und regionalen Abonnement-Zeitungen die Erlösaufteilung zwischen Werbung (Anzeigen sowie Beilagen) und Vertrieb als eher statisch, bis das Werbegeschäft stark zurückging. Das Grundgeschäftsmodell blieb zwar für das gedruckte Produkt bestehen, aber die Erlösanteile hatten sich deutlich verschoben (vgl. Breyer-Mayländer et al. 2010, S. 435 ff. und Breyer-Mayländer 2010). Der gezielten Preispolitik unter Ausschöpfung der Preisspielräume im Vertrieb kommt damit eine wesentlich größere Bedeutung zu (vgl. Bauer und Schneider 2007). Daher ist es für den Erfolg der Presseverlage und content-affinen Medienunternehmen entscheidend, dass es gelingt ein erfolgreiches Abonnementmodell zu etablieren. Für den mittelfristigen Erfolg ist es durchgehend entscheidend, dass die Erfolgsfaktoren der Produkte ausgebaut, auf neue Medienformen übertragen werden (Plaikner 2013) und die Nachfrage nach Informationen (Hölig und Hasebrink 2013, S. 522, 526), in tragfähige Geschäftsmodelle wie Paid-Content umgesetzt wird.

Die Stärken und Schwächen der Einzelmedien im crossmedialen Zusammenspiel legen den Rahmen für die Erlösmodelle fest.

Um die erkennbaren Schwächen der bestehenden Geschäftsmodelle zu kompensieren, werden neue Geschäftsfelder in den jeweiligen Marktsegmenten der klassischen Medienunternehmen erforderlich (vgl. Breyer-Mayländer 1999; Nohr 2013, Breyer-Mayländer 2015, S. 12):

- Digitale Produkte: Online-Angebote, E-Paper, Apps; hierzu gehören auch die unterschiedlichen Paid-Content-Modelle (vgl. zu den

Anfängen Nogly 2003) sowie die Pricing-Strategien für Digital-produkte im Vergleich zu den Print-Angeboten (vgl. Bauer 2011).

- E-Commerce: Neben klassischen Medienprodukten werden eigene Plattformen betrieben, die zusätzliche Verkaufserlöse gestatten.
- Services: Zusätzliche Dienstleistungen in Verbindung mit (z. B. mit lokalen und regionalen) Kooperationspartnern, bei denen die Kontakte vor Ort und das Vertrauen in die Medienmarke genutzt werden (z. B. Rechtsberatung etc.).
- Sonderprodukte aus dem Medienbereich: Dies können bei über-regionalen Marken eigene Buch-Editionen sein (vgl. Sjurts 2005, S. 119).
- Kundenmanagement: Die Vermarktung von Beziehungen zu priva-ten Endkunden aus dem Vertriebsgeschäft und gewerblichen Kunden aus dem Werbegeschäft lässt sich auch auf andere Themenfelder aus-dehnen und ermöglicht unter Einbeziehung der CRM-Kompetenz und der Entwicklung neuer Profile (Smart Data) zusätzliche daten-getriebene Erlös- und Geschäftsmodelle.

Wie in der Analyse von Insa Sjurts (2005) immer wieder deutlich wird, liegen im Medienmarkt die Vorteile eines multiplen Erlösmodells, wie auch die obigen Beispielen deutlich zeigen, auf der Hand. Dem Abonnement als datengestützte Vermarktung an den Endkunden und den darauf basierenden Geschäfts- und Erlösmodellen kommt daher nicht nur aktuell, sondern vor allem in Zukunft eine besondere Bedeutung zu. Darüber hinaus ist auch eine generelle Differenzierung der angebotenen Mediengattungen und den damit verbundenen poten-ziellen Werbekanälen (vgl. Breyer-Mayländer 2015b, S. 20, 25) hilf-reich. Damit wird aber auch bereits deutlich, dass eine Abgrenzung der Märkte nicht immer einfach ist.

Im Rezipientenmarkt hängt das Erlöspotenzial von der Entscheidung der Nutzer für ein Medium ab. Damit geht es für die Konsumenten stets um eine Abwägung zwischen dem Freizeit- und Finanzbudget und seinen Erwartungen an den Inhalt des Mediums (vgl. Heinrich 2001). Es gibt nicht den absoluten Wert eines Mediengutes, sondern lediglich den Wert, den ein Medienprodukt für die einzelne Person besitzt (siehe auch das nachfolgend noch skizzierte Problem der Qualitätsbeurteilung, die je nach Zielgruppe sehr unterschiedlich ausfallen kann). Typische

Kriterien, nach denen redaktionelle Inhalte bewertet werden können, sind beispielsweise Aktualität, Exklusivität oder Spezifität (vgl. Brandtweiner 2000, S. 41). Dies ist für den Aufbau der Abonnement-produkte und Leistungsversprechen von entscheidender Bedeutung. Die Prinzipien des Freemium-Contents (einfache Inhalte sind kostenlos, andere kostenpflichtig) und vor allem das metered model, bei dem ein Kontingent an Inhalten frei und der Rest kostenpflichtig ist, versuchen diese Anforderungen auf redaktionelle Inhalte umzusetzen. Die Erlösmodelle im Sinne eines Bezahlmodells sind dabei in der Vielfalt begrenzt. Es geht grundsätzlich um Subscriber-Modell mit oder ohne volle Abdeckung (Flatrate), Einzelverkauf, fixe oder variable Preise (z. B. in Abhängigkeit von Nutzungsdauer oder genutzten Inhal-te-Komponenten). Gerade im Bereich Paid-Content, d. h. bei den digitalen Varianten des Vertriebserlöses, haben sich bereits 2014 erste stark differenzierte Abrechnungsmodelle entwickelt, deren Wechsel-wirkung mit anderen Erlösquellen wie dem Werbegeschäft evident sind (vgl. Abb. 11.4). Insgesamt haben sich dabei nicht nur die Erlösquellen erweitert, sondern auch die Messkriterien zur Ermittlung des Erfolgs beim Abonnementmarketing wurden auf die crossmediale Situation angepasst und beispielsweise im internationalen Kontext oftmals an typische Kundenzufriedenheitsmesswerte des Digitalgeschäfts, wie den Not Promoter Score angepasst (vgl. Lichterman 2019).

Kriterien¤	Free¤	Harte·Paywall¤	Metered·Model¤	Freemium¤	Spenden-Modell¤
Content-Erlöse¤	Verzicht auf eine zusätzliche planbare (Abonnement) Erlösquelle. ¤	zusätzliche planbare (Abonnement) Erlösquelle.¤	zusätzliche planbare (Abonnement) Erlösquelle.¤	zusätzliche planbare Erlösquelle.¤	Zusätzliche, aber weniger planbare Erlösquelle¤
Anzeigenerlöse¤	Kein Risiko für Werbeerlöse¤	Reduzierung der Reichweite und Verlust von Werbeerlösen¤	Reichweiten- und Werbeverluste in Abhängigkeit der Einstellung des Modells; eher gering¤	Verlust von Reichweite und Werbeerlösen möglich¤	Kein Risiko für Werbeerlöse¤
Kundenbeziehung¤	Kunden sind unbekannt; es lassen sich keine Kundenbeziehungen aufbauen¤	Kunden sind bekannt, Kundenbeziehung kann aufgebaut werden¤	Kunden sind bekannt, Kundenbeziehung kann aufgebaut werden¤	Kunden sind teilweise bekannt, Kundenbeziehung kann aufgebaut werden¤	Kunden sind teilweise bekannt¤
Social-Media¤	Sehr hohes Social Media Potenzial¤	Kein Social Media Potenzial¤	Eingeschränktes Social Media Potenzial¤	Eingeschränktes Social Media Potenzial¤	Sehr hohes Social Media Potenzial¤
Kosten¤	Kein Aufwand für Kundenservice (Kundensupport, Rücklastschriften)¤	Aufwand für Kundenservice (Kundensupport, Transaktionskosten Rücklastschriften, Datenschutz)¤	Aufwand für Kundenservice (Kundensupport, Transaktionskosten Rücklastschriften, Datenschutz)¤	Aufwand für Kundenservice (Kundensupport, Transaktionskosten Rücklastschriften, Datenschutz)¤	eingeschränkter Aufwand für (Kundensupport, Rücklastschriften, Datenschutz)¤
Signalwirkung·für·die·Wertigkeit·von·Journalismus¤	keine¤	Sehr hohe¤	Eher gering¤	mittel¤	Eher gering¤

Abb. 11.4 Erlösmodell Paid-Content. (Quelle: Kansky 2015, S. 92)

Wenn man diese Möglichkeiten dieser beispielhaften Abrechnungs-
modalitäten für digitalen Content in das Gesamtsystem der möglichen
Erlösmodelle einsortiert, erhält man folgendes Bild (vgl. Abb. 11.5):

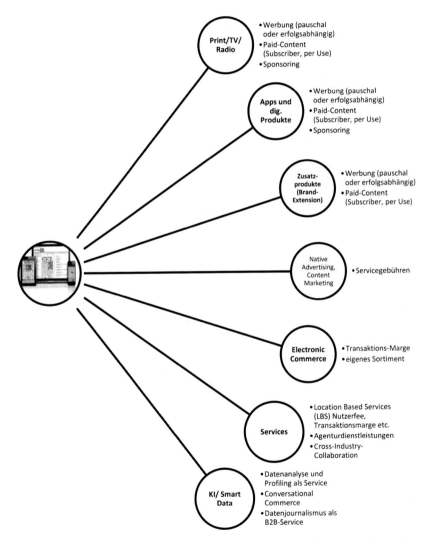

Abb. 11.5 Beispielhafte Erlösmodelle im Mediensektor. (Quelle: eigene Darstellung)

Eine Anpassung der Geschäftsmodelle macht auch eine Veränderung der Strukturen notwendig. Dabei geht es nach Neudefinition der Geschäftsmodelle um die Frage, wie man schnell die notwendigen (digitalen) Kompetenzen im etablierten Unternehmen durch eigene Entwicklung, Investment oder Kooperation (vgl. Breyer-Mayländer 2011, S. 24) realisieren kann und wie man etablierte und neue Geschäftsfelder (in Redaktion und Vermarktung) parallel organisiert.

Im Ergebnis werden die Entwicklungen für die neuen Geschäftsmodelle wie folgt aufgeteilt (vgl. Breyer-Mayländer 2017, S. 101):

1. Aus dem traditionellen Kerngeschäft heraus werden die erhaltenden Innovationen geschaffen, indem die Prozesse und Produkte des traditionellen Geschäfts weiterentwickelt werden.
2. Disruptive Innovationen über Zukauf oder ein „Corporate Startup" (vgl. Bestmann und Bartel 2015, S. 55)
3. Beteiligung an disruptiven Startups zur strategischen Weiterentwicklung (vgl. Stephan 2015)

Fazit

Die Digitalisierung hat massiven Einzug in das Management von Kundenbeziehungen für Verlage gehalten. Es umfasst alle Bereich vom Produktdesign und Service über Kontaktkanäle, mobile Endgeräte, Bezahlmethoden bis hin zu Analyse und Nutzung von Kundendaten, dem „neuen Öl" der Industrie. Mit sich rasant entwickelnden Anwendungen rund um maschinelles Lernen (KI) oder den Einsatz von Chatbots werden neue technologische Möglichkeiten eröffnet. Und dennoch – die natürliche Sprache, der direkte persönliche Kontakt von Mensch zu Mensch – bleibt noch lange, wahrscheinlich sogar dauerhaft der effektivste Weg, nachhaltige Kundenbeziehungen zu gestalten. Der Kanal Telefon, mit oder ohne Bild, bleibt daher unverzichtbar.

Literatur

Aufderheide, D., Lindner, M., & Zimmerlich, A. (2006). Internetökonomie, Wettbewerb und Hybridität bei Essential Facilities. In H. L. Grob & J. vom Brocke (Hrsg.), *Internetökonomie: Ein interdisziplinärer Beitrag zur Erklärung und Gestaltung hybrider Systeme* (S. 127–179). München: Vahlen.

Bauer, F. (2011). Alte Fehler nicht wiederholen. *dnv, 4,* 20.

Bauer, F., & Schneider, P. (2007). Konzeptionelle Grundlage valider Preisoptimierung im Zeitungsmarkt. *Planung & Analyse Ausgabe, 5,* 39–43.

Best, S., & Breunig, C. (2011). Parallele und exklusive Mediennutzung. *Media Perspektiven, 1,* 16–35.

Bestmann, B., & Bartel, D. (2015). Lean Startup. In M. Lang, & S. Scherber (Hrsg.), *Agiles Management: Innovative Methoden und Best Practices* (S. 53–72). Düsseldorf: Symposion.

Brandtweiner, R. (2000). *Differenzierung und elektronischer Vertrieb digitaler Informationsgüter.* Düsseldorf: Symposion.

Breyer-Mayländer, T. (1999). Zeitungen online – woher kommen die Umsätze? In BDZV (Hrsg.), *Zeitungen '99* (S. 170–179). Bonn: ZV Verlag.

Breyer-Mayländer, T. (2001). Auswirkungen der Digitaltechnik auf die technische Weiterentwicklung von Zeitungen und Zeitschriften. In J.-F. Leonhard, H.-W. Ludwig, D. Schwarze, & E. Straßner (Hrsg.), *Medienwissenschaft; Media: Technology, History, Communication, Aesthetics* (Bd. 2, S. 1751–1755). Berlin: De Gruyter.

Breyer-Mayländer, T. (2010). Paradigmenwechsel – Vertrieb überholt Werbung. In BDZV (Hrsg.) *Zeitungen* (S. 265–273). Berlin: ZV Verlag.

Breyer-Mayländer, T., et al. (2010). *Wirtschaftsunternehmen Verlag. Edition Buchhandel* (Bd. 5, 4. Aufl.). Frankfurt a. M.: Bramann-Verlag.

Breyer-Mayländer, T. (2011). Mehr als nur ein „Communication Shift": Neue Formen des Mediamix im lokalen Markt. *Marketing Review St. Gallen, 28*(5), 22–27.

Breyer-Mayländer, T. (2015a). Medienkonvergenz: Auswirkungen auf die traditionellen Geschäftsmodelle von Zeitungsverlagen. In T. Breyer-Mayländer (Hrsg.), *Vom Zeitungsverlag zum Medienhaus: Geschäftsmodelle in Zeiten der Medienkonvergenz* (S. 3–14). Wiesbaden: Springer Gabler.

Breyer-Mayländer, T. (2015b). Vom Zeitungsverlag zum Medienhaus: 50 Jahre Markt- und Organisationsentwicklung lokalen und regionalen Zeitungsmarkt. In T. Breyer-Mayländer (Hrsg.), *Vom Zeitungsverlag zum Medienhaus: Geschäftsmodelle in Zeiten der Medienkonvergenz* (S. 15–27). Wiesbaden: Springer Gabler.

Breyer-Mayländer, T. (2017). *Management 4.0 – Den digitale Wandel erfolgreich meistern.* München: Hanser.

Breyer-Mayländer, T. (2019). Medienkonvergenz aus medienökonomischer Perspektive: Erlösmodelle für crossmediale Medien. In O. Kim & K. Andreas (Hrsg.), *Crossmedialität in Journalismus und Unternehmenskommunikation* (S. 63–91). Springer VS Wiesbaden.

Breyer-Mayländer, T., & Seeger, C. (2006). *Medienmarketing*. München: Vahlen.

Breyer-Mayländer, T., & Werner, A. (2003). *Handbuch der Medienbetriebslehre*. München: Oldenbourg.

Breyer-Mayländer, T., et al. (2015). *Wirtschaftsunternehmen Verlag* (Edition Buchhandel, Bd. 5, 4. Aufl.). Frankfurt a. M.: Bramann-Verlag.

Brisco, B., Odlyzko, A., & Tilly, B. (2006). *Metcalfe's Law is wrong*. IEE Spectrum, *43*(7), 34–39.

Borgböhmer, T. (2019). Wie die NZZ mit einem breiten Newsletter-Angebot die 200.000-Abo-Marke knacken will. meedia.de, 09.04.2019. https://meedia.de/2019/04/09/wie-die-nzz-mit-einem-breiten-newsletter-angebot-die-200-000-abo-marke-knacken-will/. Zugegriffen: 10. Apr. 2019.

Drucker, P. F. (2008). *The essential Drucker: The best of sixty years of Peter Drucker's essential writings on management (Collins business essentials)*. New York: Harper Collins.

Engel, B. (2014). Entwicklungspfade in der konvergenten Medienwelt. *Media Perspektiven, 1*, 47–55.

Engel, B., Mai, L., & Müller, T. (2017). Massenkommunikation Trends 2017: Intermediale Nutzungsportfolios. *Media Perspektiven, 7–8*, 358–374.

Gläser, M. (2008). *Medienmanagement*. München: Vahlen.

Habann, F. (2010). *Erfolgsfaktoren von Medieninnovationen: Eine kausalanalytische empirische Untersuchung*. Baden-Baden: Nomos.

Haller, M. (2015). *Was wollt ihr eigentlich? Die schöne neue Welt der Generation Y*. Hamburg: Murrmann-Verlag.

Heinrich, J. (2001). *Medienökonomie: Bd. 1: Mediensystem, Zeitung, Zeitschrift, Anzeigenblatt*. Opladen: Westdeutscher Verlag.

Hölig, S., & Hasebrink, U. (2013). Nachrichtennutzung in konvergierenden Medienumgebungen. *Media Perspektiven, 11*, 522–536.

Kansky, H. (2015). Paid-Content-Modelle in der Übersicht. In T. Breyer-Mayländer (Hrsg.), *Vom Zeitungsverlag zum Medienhaus: Geschäftsmodelle im Zeitalter der Medienkonvergenz*. Wiesbaden: Springer-Gabler.

Keuper, F., & Hans, R. (2003). *Multimedia-Management*. Wiesbaden: Springer Gabler.

Kramp, L., & Weichert, S. (2017). *Der Millenialcode: Junge Mediennutzer verstehen – und handeln*. Leipzig: Vistas.

Krebs, I., Lischka, J. A., & Barro, P. (2015). Online-Kioske und ihr Einfluss auf Printmarken. *Medienwirtschaft, 3*, 20–24.

Lehner, W. (2010). Datenflut – Informationsbedarf – Wissensgenerierung. In G. Redwitz (Hrsg.), *Die digital-vernetzte Wissensgesellschaft: Aufbruch ins 21. Jahrhundert* (S. 521–535). München: Piper.

Lichterman, J. (2019). How the Bangor Daily News uses Net Promoter Score to learn more about its subscribers, nach: WAN/IFRA. www.lenfestinstitute.org, Revenue, Solution Set.

Nohr, H. (2013). Zeitungen auf der Suche nach digitalen Geschäftsmodellen. In B. Schwarzer & S. Spitzer (Hrsg.). *Zeitungsverlage im digitalen Wandel: Aktuelle Entwicklungen auf dem deutschen Zeitungsmarkt* (S. 11–50). Baden-Baden: Nomos.

Nogly, C. (2003). Welcher Inhalt zu welchem Preis?: Zur Refinanzierung von Online-Angeboten. In BDZV (Hrsg.), *Zeitungen 2003* (S. 228–237). Berlin: ZV Verlag.

o. V. (2019). Readly bietet auch Zeitungen an. *Horizont, 12,* 4.

Peters, R. (2010). *Internet-Ökonomie.* Heidelberg: Springer-Verlag.

Plaikner, A. (2013). *Lesernähe: Modell und Instrument für regionale Tageszeitungen.* Baden-Baden: Nomos.

Pohl, G. (2006). Der Long Tail Das dünne Ende der Ladenhüter. Spiegel Online 10.11.2006. https://www.spiegel.de/netzwelt/web/der-long-tail-das-duenne-ende-der-ladenhueter-a-447490.html. Zugegriffen: 10. März 2019.

Schneider, M. (2008). *Crossmedia-Management.* Wiesbaden: DUV-Verlag.

Seufert, W. (2013). Analyse des langfristigen Wandels von Medienstrukturen – theoretische und methodische Anforderungen. In W. Seufert & F. Sattelberger (Hrsg.), *Langfristiger Wandel von Medienstrukturen: Theorie, Methoden, Befunde* (Reihe Medienstrukturen Nr. 4, S. 7–28). Baden- Baden: Nomos.

Shapiro, C., & Varian, H. R. (1999). *Information rules: A strategic guide to the network economy.* Boston: Harvard Business School Press.

Sjurts, I. (2005). *Strategien in der Medienbranche: Grundlagen und Fallbeispiele* (3. Aufl.). Wiesbaden: Springer Gabler.

Stephan, S. (2015). Frische Ideen für große Konzerne, Wachstumschampions 2016, Focus Spezial 2015/2016 (S. 30–31).

von Prümmer, K. (2001). Für Leser, Hörer, Nutzer: Aus Verlagen werden Multimedia-Unternehmen. In BDZV (Hrsg.), *Zeitungen 2001* (S. 174–181) Berlin: ZV.

von Walter, B. (2007). *Intermediationund Digitalisierung: Ein ökonomisches Konzept am Beispiel der konvergenten Medienbranche.* Wiesbaden: Springer Gabler.

Zerdick, A., Picot, A., Schrape, K., et al. (1999). *Die Internet-Ökonomie – Strategien für die digitale Wirtschaft.* Berlin: Springer.

Was Sie aus diesem Buch mitnehmen können

- Abonnements und Subscriber-Modelle sind nach wie vor ein attraktives Geschäftsfeld für Nachrichten- und Pressemedien.
- Ausgehend von den gegenwärtigen IT-Systemen, CRM- und eCRM-Methoden des Customer Relationship Managements stehen datengestützte und datengetriebene Verfahren der Kundensegmentierung und -ansprache im Fokus, was künftig auch verstärkt die Nutzung von künstlicher Intelligenz (KI) umfassen wird.
- Gezielte Kommunikationsmaßnahmen stehen in ihrer Wirkung in enger Verbindung mit den Kernprodukten und Zusatzangeboten, die beispielsweise in der Abwicklung mithilfe eigener Landingpages und Shoplösungen für Transparenz und leichte Bestellmöglichkeiten sorgen.
- Entscheidend ist die Kunden- und Zielgruppenorientierung bei der (Weiter-) Entwicklung der redaktionellen Produkte zur Sicherung des Kundennutzens und die Umsetzung dieser Denkweise im Rahmen des Vertriebsmarketings und der dort eingesetzten Erfolgskenngrößen mit dem Ziel einer werthaltigen Kundenbeziehung.

© Springer Fachmedien Wiesbaden GmbH, ein Teil von Springer Nature 2019   **93**
T. Breyer-Mayländer und M. Keil (Hrsg.), *Kundengewinnung und Kundenbindung bei Presseabonnements*, https://doi.org/10.1007/978-3-658-26050-7

Verzeichnis der Autoren/Herausgeber

Prof. Dr. Thomas Breyer-Mayländer, Professor für Medienmanagement, Hochschule Offenburg

Markus Hofmann, Stv. Chefredakteur, Badischer Verlag GmbH & Co. KG, Freiburg

Nils von der Kall, Verlagsleiter Marketing Vertrieb, ZEIT-Verlag, Hamburg

Matthias Keil, Leiter Branchenlösungen, Prokurist, AVS, Bayreuth

Prof. Dr. Peter Lorscheid, Leiter CRM & Dialog-Controlling, Siegfried Vögele Institut GmbH, SVI

Thomas Mäling, Bereichsleiter *dialogplus,* Burda Direct GmbH, Offenburg

Thorsten Merkle, Geschäftsführer, jule: Initiative junge Leser GmbH

Alexander von Reibnitz, Geschäftsführer einer Tochtergesellschaft des Wort & Bild Verlags

Lennart Schneider, Projektmanager Unternehmensentwicklung, ZEIT-Verlag, Hamburg

Alexandra Wildner, Verlagsleitung Privatkunden, Mittelbayerische Zeitung, Regensburg

© Springer Fachmedien Wiesbaden GmbH, ein Teil von Springer Nature 2019
T. Breyer-Mayländer und M. Keil (Hrsg.), *Kundengewinnung und Kundenbindung bei Presseabonnements*, https://doi.org/10.1007/978-3-658-26050-7

Literatur

Engel, B., & Breunig, C. (2015). Massenkommunikation 2015: Mediennutzung im Intermediavergleich. *Media Perspektiven, 7–8*, 310–322.

Rakel, W. (2018). DNV-Marktanalyse: Abo-Shops im Check. *dnv*, 12, 48–53.

© Springer Fachmedien Wiesbaden GmbH, ein Teil von Springer Nature 2019
T. Breyer-Mayländer und M. Keil (Hrsg.), *Kundengewinnung und Kundenbindung bei Presseabonnements*, https://doi.org/10.1007/978-3-658-26050-7

Printed in the United States
By Bookmasters